NCS
조직
이해
능력

조직
이해
능력

초판발행 2016년 2월 20일　**3쇄발행** 2019년 5월 10일　**저 자** 한국표준협회 NCS연구회
펴낸이 박 용　**펴낸곳** (주)박문각출판　**표지디자인** 한기현　**디자인** 이현숙
등 록 2015. 4. 29. 제2015-000104호　**주 소** 06654 서울시 서초구 효령로 283 서경빌딩
전 화 02) 3489-9400　**홈페이지** www.pmgbooks.co.kr

ISBN 979-11-7023-343-5 / ISBN 979-11-7023-071-7(세트)
정가 13,000원

NCS

직업기초능력평가

조직
이해
능력

기업·공공기관 취업 대비
최고 합격 전략서

NCS 기반 직업기초능력시리즈
한국표준협회 NCS연구회 편저

PMG 박문각

Preface | 머리말

오랜 전통과 구성원의 의사를 존중하는 건전한 기업 문화를 공유하는 조직은 쉽게 무너지지 않습니다.

조직 구성원을 인정하고 구성원의 의견을 경영 전반에 반영하는 전통과 문화를 가진 기업은 구성원을 업무 역할로서가 아닌 인간 그 자체, 즉 인격으로서 대하기 때문입니다. 모든 일의 시작은 사람으로부터 시작되고 일도 사람이 합니다. 이러한 의미에서 직원에 대한 신뢰와 믿음은 조직을 향한 직원의 충성도와 애사심을 높여 그 회사를 지속해서 성장하게 만드는 원동력이 됩니다.

기업이 어떤 조직구조로 이뤄졌는지와 상관없이 조직마다 각각 다른 경영전략이나 조직문화, 업무수행 방침, 조직규정 등을 갖고 있습니다. 하지만 경영의 요소를 누가, 어떻게 수립하고 조직 구성원이 그러한 경영 요소에 얼마나 적응하고 따르느냐의 문제는 조직 리더의 몫입니다. 이러한 관점에서 본 책에서는 조직의 경영 요소와 조직 구성원이 공감할 수 있는 조직경영에 관해 살펴보며 조직의 지속적인 발전과 성공을 위한 올바른 리더십과 팔로어십에 대해 학습합니다.

이 책은 조직이해능력 수업을 수강하거나 개별 학습자가 조직이해능력을 학습 또는 향상하고자 할 때 활용할 수 있도록 제작되었습니다. 학습에 앞서 사전 체크리스트를 통해 학습자의 학습 능력을 평가하여 교수자가 수업의 난이도를 조절할 수 있도록 하였습니다. 총 5개의 장으로 구성되었으며 각 장에서 학습목표, 주요 용어 정리, 절 단위로 중요한 이론이나 내용을 기술하고 각 절의 내용과 연관이 있는 사례를 제시하였습니다. 절이 끝나면 탐구활동과 학습평가, 학습 Tip을 제시하여 해당 내용에 대한 이해를 도울 수 있도록 구성하였습니다. 각 장이 끝날 때는 해당 장에 대한 학습정리를 수록하여 학습한 내용에 대해 다시 한 번 숙지할 수 있게 하였습니다. 모든 장이 끝나면 사후 평가를 실시하여 학습자의 능력 향상 정도를 파악할 수 있도록 하였습니다.

제1장은 조직이해능력에 대한 전반적인 이해를 위해 조직이해능력의 개념 및 하위 요소, 조직이해능력의 중요성 및 필요성 등 2개의 절로 구성하였습니다. 제2장에서는 경영전략 수립을 위한 기본 개념과 전략 수립 과정을 설명하고 조직을 효율적으로 이끌 수 있는 리더십과 팔로어십을 소개하였습니다. 또한 조직 의사결정 과정과 구성원이 조직경영에 참가하는 방법에 관해 기술하였습니다. 제3장 체제이해능력에서는 유연성 있는 조직구성과 조직운영 시 필요한 조직관리 규정과 조직문화를 소개하였고 업무상 의사소통과 문제 발생 시 효과적인 갈등 관리 방안을 제시하였습니다. 제4장에서는 조직 구성원들의 업무파악능력 향상을 위한 조직업무 파악 및 업무 우선순위 결정 방법에 대해 설명하였고 업무계획서와 업무수행 절차를 기술하였습니다. 또한 업무성과에 대한 평가와 지속적인 업무관리에 대해 설명하였습니다. 마지막으로 제5장 국제감각에서는 급변하는 세계정세 속에서 어떻게 글로벌 트렌드를 분석하고 업무에 반영할지에 대해 설명하였고 외국 비즈니스 파트너와의 업무 협조 시 지켜야 할 글로벌 매너에 관해 기술하였습니다.

이상의 학습을 통해 학습자들은 성공하는 기업을 만들기 위한 조직이해능력을 갖추게 될 것입니다. 더불어 학습자들이 다양한 기업 외부 환경에 적응하고 효율적인 업무수행을 할 수 있기를 기대해 봅니다.

Guide | 이 책의 활용법

사전 평가 · 이론 · 사례 연구 · 탐구 활동 · 학습 평가 · Tip · 학습 정리 · 사후 평가

01 사전 / 사후 평가

사전 평가

체크리스트

다음은 모든 직업인에게 일반적으로 요구되는 조직이해능력 수준을 스스로 알아볼 수 있는 체크리스트입니다. 본인의 평소 행동을 잘 생각해 보고, 행동과 일치하는 것에 체크해 보시오.

문항	그렇지 않은 편이다.	그저 그렇다.	그런 편이다.
1. 나는 조직의 의미를 설명할 수 있다.	1	2	3
2. 나는 조직이해가 왜 필요한지 설명할 수 있다.	1	2	3
3. 나는 조직이 어떻게 운영되는지 설명할 수 있다.	1	2	3
4. 나는 조직의 체제를 구성하는 요소를 구분할 수 있다.	1	2	3
5. 나는 전체 조직에서 내가 맡은 업무를 설명할 수 있다.	1	2	3
6. 나는 세계화가 직장생활에 미치는 의미를 설명할 수 있다.	1	2	3
7. 나는 조직변화 계획을 수립할 수 있다.	1	2	3
8. 나는 조직과 나와의 관계를 설명할 수 있다.	1	2	3
9. 나는 경영의 의미와 과정을 설명할 수 있다.	1	2	3
10. 나는 조직에서 의사결정이 어떻게 이루어지는지 설명할 수 있다.	1	2	3
11. 나는 내가 속한 조직의 경영전략을 설명할 수 있다.	1	2	3
12. 나는 근로자들이 조직경영에 참여하는 방법을 설명할 수 있다.	1	2	3
13. 나는 내가 속한 조직의 목표를 설명할 수 있다.	1	2	3
14. 나는 내가 속한 조직의 구조를 설명할 수 있다.	1	2	3
15. 나는 내가 속한 조직문화의 특징을 설명할 수 있다.	1	2	3
16. 나는 내가 속한 집단의 특성을 설명할 수 있다.	1	2	3

사전 평가는 본서를 학습하기 전에 직업기초능력의 각 하위능력에 대한 학습자의 현재 수준을 진단하고, 학습자에게 필요한 학습활동을 안내하는 역할을 합니다. 이 평가지를 통해 학습자는 자신의 강점과 약점에 대해 미리 파악할 수 있습니다.

사후 평가는 학습자들이 본인의 성취 수준을 평가하고, 부족한 부분을 피드백받을 수 있도록 하기 위한 마지막 단계입니다. 체크리스트가 제시되어 있으므로, 학습자의 향상도 체크에도 활용할 수 있습니다.

02 이론학습

제1절 조직이해능력의 개념 및 하위 요소

1 조직이해능력의 개념

조직이해능력은 인간이 '사회적 동물'이라는 전제하에 만들어진 개념이다. 개인이 아닌 2인 이상의 단체, 즉 조직에 적용되는 개념이다. 성인이 되어 취업을 하면 기본적으로 직장생활을 하게 되는데 가장 쉽게 접할 수 있는 조직생활이 바로 직장생활이다. 회사 조직뿐만 아니라, 자영업을 하더라도 관련 기업이나 협회 등과 상호작용을 하여야 하기 때문에 생산과 관련된 모든 활동은 조직생활과 연관이 있다고 할 수 있다. 이러한 조직에는 각각의 고유한 사명, 전략, 가치, 신념, 규칙, 문화, 질서 등 조직 구성원들이 지켜야 하고 공유하는 조직 특성이 있다. 조직의 생산성 향상을 위해서 조직 구성원은 조직의 특성을 이해하고 그 조직의 특성에 적용할 수 있는 기술과 능력을 함양하여야 하는데 이것을 조직이해능력이라고 한다.

조직이해능력은 직장뿐만 아니라 각종 단체에서 생활을 하는 사람들이 그 조직에 적응하기 위한 최소한의 약속으로 조직문화 이해능력으로 표현되기도 하며 개인의 행동적 측면, 태도적 측면, 지식적 측면과 관련된 총체적 능력을 의미한다. 즉, 조직생활에서 매 순간 어떻게 행동할 것인지, 조직의 내외적 규범이나 가치들을 어떻게 준수하고 수용할 것인지, 조직의 발전이나 생산성 향상에 어떻게 기여할지 등에 대하여 인식하는 능력을 말한다.

직업기초능력 중 조직이해능력의 하위능력과 세부 요소로 구성되어 있습니다. 이를 자세히 살펴보면 1장 조직이해능력 – 2장 경영이해능력 – 3장 체제이해능력 – 4장 업무이해능력 – 5장 국제감각의 순서로 구성되어 있으며, 이를 통해 조직이해능력에 대한 학습을 완결 지을 수 있습니다.

직업기초능력	하위능력
[1장] 자기개발능력	[2장] 경영이해능력
	[3장] 체제이해능력
	[4장] 업무이해능력
	[5장] 국제감각

사례연구

마마보이 장그래의 후회

2015년 10월 A그룹의 신입사원으로 입사한 장그래는 부픈 마음으로 첫 출근을 하였다. 누구나 쉽게 들어가지 못하는 기업인 만큼 그는 자신감으로 가득 차 있었지만 한편으로는 엄마 없이 혼자 잘 해나갈 수 있을지 걱정이 앞섰다. 장그래는 마마보이였기 때문이다. 하지만 '별일이야 있겠어?'라는 마음으로 오늘 하루도 힘차게 출발하기로 마음먹었다.

점심 식사 후 과장님이 모두 옥상에 집합하라는 명령을 하자 다른 직원과 신입사원들은 즉시 옥상으로 갔지만 장그래는 어떻게 해야 할지 몰라서 엄마에 전화를 걸었다. 그러자 "옥상은 주로 잘못을 저지른 직원들을 벌 주기 위한 공간이니 옥상에 갈 필요 없다."는 답변이 돌아왔다. 이에 장그래는 옥상에 가지 않았다(사

탐구활동

1. 조직이해능력의 개념도를 그리고 그 의미를 작성해 보자.

2. 조직이해능력의 하위능력의 의미를 기술해 보자.

하위능력	의미
경영이해	

정답 및 해설 p.212

1   다음에 제시된 각 용어의 개념을 간단히 작성하시오.

① 조직:

② 직장:

③ 기업:

④ 조직이해능력:

※ 다음 문장의 내용이 맞으면 ○, 틀리면 ×에 √표시를 하시오. (2~4)

2   조직이해능력은 조직이 가진 사회, 문화, 규칙, 질서에 대한 이해능력이다.

학/습/정/리

1. 조직이해능력은 직장생활을 하는 사람들이 그 조직에 적응할 수 있는 최소한의 지식으로 조직문화이해능력으로 표현되기도 한다.

2. 조직은 2인 이상의 사람으로 구성되며 각 조직 나름대로의 고유한 가치, 신념, 규칙, 문화, 질서 등 한 조직이 공유하는 조직 특성이 있다.

3. 경영이해능력은 개인이 속한 조직의 비전과 목표를 이해하고 경영의 효율적 조정을 위해 조직의 방향성에 자신의 업무를 맞추어 관리하여 생산성을 향상할 수 있는 방법을 꾸준히 모색하는 능력이다.

4. 체제이해능력은 조직의 규칙 및 규정, 업무 절차를 이해하고 조직 내 단위조직의 기능과 역할을 이해하며 조직 간의 관계를 이해하는 능력이다.

5. 업무이해능력은 업무활동을 분석하여 우선적으로 처리해야 할 업무를 파악하고 해당 업무처리계획 및 절차를 수립하여 진행하는 능력, 업무수행의 결과를 평가하고 비교하

03 사례연구 / 탐구활동

사례연구는 학습자들이 습득한 이론과 관련된 사례 및 교육적 시사점을 제시하는 부분으로, 학습자들이 앞에서 배운 이론을 보다 쉽게 이해하는 데 도움을 주는 역할을 합니다.

또한 학습자들은 사례연구를 바탕으로 여러 가지 의견을 나누어 보는 탐구활동을 통하여 자신의 생각과 의견을 넓혀 나가게 됩니다.

04 학습평가 / 학습정리

학습평가는 학습자들이 습득한 이론을 바탕으로 문제를 풀어 보면서 실력을 점검할 수 있도록 하는 역할을 합니다. 학습자들은 앞에서 습득한 이론과 사례를 토대로 문제를 풀면서 옳고 그름을 판별할 수 있게 됩니다.

또한 학습자들은 앞에서 배운 이론을 간단하게 요약한 학습정리를 통하여 자신의 실력을 탄탄하게 다질 수 있게 됩니다.

Contents | 차례

사전 평가[1]

체크리스트

다음은 모든 직업인에게 일반적으로 요구되는 조직이해능력 수준을 스스로 알아볼 수 있는 체크리스트이다. 본인의 평소 행동을 잘 생각해 보고, 행동과 일치하는 것에 체크해 보시오.

문항	그렇지 않은 편이다.	그저 그렇다.	그런 편이다.
1. 나는 조직의 의미를 설명할 수 있다.	1	2	3
2. 나는 조직이해가 왜 필요한지 설명할 수 있다.	1	2	3
3. 나는 조직이 어떻게 운영되는지 설명할 수 있다.	1	2	3
4. 나는 조직의 체제를 구성하는 요소를 구분할 수 있다.	1	2	3
5. 나는 전체 조직에서 내가 맡은 업무를 설명할 수 있다.	1	2	3
6. 나는 세계화가 직장생활에 미치는 의미를 설명할 수 있다.	1	2	3
7. 나는 조직변화 계획을 수립할 수 있다.	1	2	3
8. 나는 조직과 나와의 관계를 설명할 수 있다.	1	2	3
9. 나는 경영의 의미와 과정을 설명할 수 있다.	1	2	3
10. 나는 조직에서 의사결정이 어떻게 이루어지는지 설명할 수 있다.	1	2	3
11. 나는 내가 속한 조직의 경영전략을 설명할 수 있다.	1	2	3
12. 나는 근로자들이 조직경영에 참여하는 방법을 설명할 수 있다.	1	2	3
13. 나는 내가 속한 조직의 목표를 설명할 수 있다.	1	2	3
14. 나는 내가 속한 조직의 구조를 설명할 수 있다.	1	2	3
15. 나는 내가 속한 조직문화의 특징을 설명할 수 있다.	1	2	3
16. 나는 내가 속한 집단의 특성을 설명할 수 있다.	1	2	3
17. 나는 나의 업무 특성을 설명할 수 있다.	1	2	3
18. 나는 적절한 업무수행 계획을 수립할 수 있다.	1	2	3
19. 나는 업무수행의 방해 요인을 확인할 수 있다.	1	2	3
20. 나는 국제감각을 길러야 하는 필요성을 설명할 수 있다.	1	2	3
21. 나는 다른 나라 문화를 이해하는 방법을 설명할 수 있다.	1	2	3
22. 나는 전공과 관련된 국제동향을 파악할 수 있다.	1	2	3
23. 나는 글로벌시대의 국제매너를 갖추고 있다.	1	2	3

평가 방법

체크리스트 문항별로 자신이 체크한 결과를 아래표를 이용하여 해당하는 개수를 적어 보시오.

문항	수준	개수	학습모듈	교재 Page
1~8번	그렇지 않은 편이다. (부정)	(　)개	조직이해능력	pp. 14~27
	그저 그렇다. (보통)	(　)개		
	그런 편이다. (긍정)	(　)개		
9~12번	그렇지 않은 편이다. (부정)	(　)개	경영이해능력	pp. 30~99
	그저 그렇다. (보통)	(　)개		
	그런 편이다. (긍정)	(　)개		
13~16번	그렇지 않은 편이다. (부정)	(　)개	체제이해능력	pp. 102~139
	그저 그렇다. (보통)	(　)개		
	그런 편이다. (긍정)	(　)개		
17~19번	그렇지 않은 편이다. (부정)	(　)개	업무이해능력	pp. 142~175
	그저 그렇다. (보통)	(　)개		
	그런 편이다. (긍정)	(　)개		
20~23번	그렇지 않은 편이다. (부정)	(　)개	국제감각	pp. 178~205
	그저 그렇다. (보통)	(　)개		
	그런 편이다. (긍정)	(　)개		

평가 결과

진단방법에 따라 자신의 수준을 진단한 후, 한 문항이라도 '그렇지 않은 편이다'가 나오면 그 부분이 부족한 것이기 때문에, 제시된 학습 내용과 교재 Page를 참조하여 해당하는 내용을 학습하시오.

---

1) 출처: 한국산업인력공단, 《직업기초능력 조직이해능력 학습자용 워크북》, pp. 5~6, 국가직무능력표준 홈페이지(http://www.ncs.go.kr)

NCS
직업기초능력평가

조직
이해
능력

조직이해능력

제**①**장
조직이해능력

제1절 조직이해능력의 개념 및 하위 요소
제2절 조직이해능력의 중요성 및 필요성

▶▶ 학습목표

구분	학습목표
일반목표	직장생활에서 원활한 업무를 수행하기 위해 국제적인 추세를 포함하여 조직의 체제와 경영에 대해 이해하는 능력을 기를 수 있다.
세부목표	1. 조직이해능력의 개념과 하위 요소를 파악할 수 있다. 2. 조직이해능력의 필요성을 파악할 수 있다.

▶▶ 주요 용어 정리

조직

두 사람 이상이 공동의 목표를 달성하기 위해 특정한 목적을 가지고 구성된 상호작용과 조정을 행하는 행동의 집합체

직장

사람들이 일을 하는 데 필요한 물리적 장소

기업

직장생활을 하는 대표적인 조직으로 노동, 자본, 물자, 기술 등을 투입하여 제품이나 서비스를 생산하는 사업체

조직이해능력

조직에 적응하기 위한 개인의 행동적 측면, 태도적 측면, 지식적 측면과 관련된 총체적 능력

제1절 조직이해능력의 개념 및 하위 요소

1 조직이해능력의 개념

조직이해능력은 인간이 '사회적 동물'이라는 전제하에 만들어진 개념이다. 개인이 아닌 2인 이상의 단체, 즉 조직에 적용되는 개념이다. 성인이 되어 취업을 하면 기본적으로 직장생활을 하게 되는데 가장 쉽게 접할 수 있는 조직생활이 바로 직장생활이다. 회사 조직뿐만 아니라, 자영업을 하더라도 관련 기업이나 협회 등과 상호작용을 하여야 하기 때문에 생산과 관련된 모든 활동은 조직생활과 연관이 있다고 할 수 있다. 이러한 조직에는 각각의 고유한 사명, 전략, 가치, 신념, 규칙, 문화, 질서 등 조직 구성원들이 지켜야 하고 공유하는 조직 특성이 있다. 조직의 생산성 향상을 위해서 조직 구성원은 조직의 특성을 이해하고 그 조직의 특성에 적용할 수 있는 기술과 능력을 함양하여야 하는데 이것을 조직이해능력이라고 한다.

조직이해능력은 직장뿐만 아니라 각종 단체에서 생활을 하는 사람들이 그 조직에 적응하기 위한 최소한의 약속으로 조직문화 이해능력으로 표현되기도 하며 개인의 행동적 측면, 태도적 측면, 지식적 측면과 관련된 총체적 능력을 의미한다. 즉, 조직생활에서 매 순간 어떻게 행동할 것인지, 조직의 내외적 규범이나 가치들을 어떻게 준수하고 수용할 것인지, 조직의 발전이나 생산성 향상에 어떻게 기여할지 등에 대하여 인식하는 능력을 말한다.

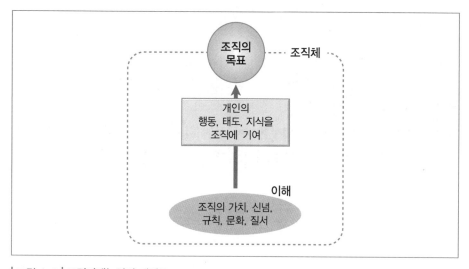

| 그림 1-1 | 조직이해능력의 개념도

2 조직이해능력의 하위 요소

조직이해능력이란 직업인이 일상적인 직장생활에서 조직의 체제, 경영 및 국제감각을 이해하는 능력으로 개인이 속한 조직을 나열할 수 있고 자신의 조직이 어떻게 운영되는지, 체제는 어떤지, 맡은 업무 및 국제감각을 설명할 수 있는 능력이다. 한국산업인력공단에서는 이를 경영이해능력, 체제이해능력, 업무이해능력, 국제감각의 4개 하위능력[2]으로 구분한다.

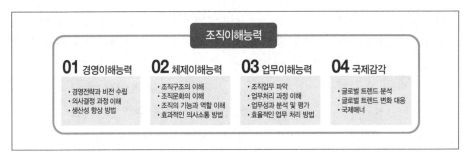

| 그림 1–2 | 조직이해능력의 하위능력

경영이해능력은 개인이 속한 조직의 비전과 목표를 이해하여 조직의 방향성을 예측하고, 경영의 효율적 조정을 위해 조직의 방향성에 자신의 업무를 맞추어 관리하며, 업무 추진 시 최대의 성과 도출을 위해 생산성을 향상할 수 있는 방법을 꾸준히 모색하는 능력이다. 체제이해능력은 개인이 속한 조직의 문화, 목표와 구조를 이해하고 조직의 규칙 및 규정 파악과 업무절차를 이해하며 조직 내 단위조직의 기능과 역할 및 조직 간의 관계를 이해하는 능력이다.

업무이해능력은 업무활동을 분석하여 우선적으로 처리해야 할 업무를 파악하고 해당 업무처리 계획 및 절차를 수립하여 진행하는 능력, 업무수행의 결과를 평가하고 비교하는 능력을 말한다. 국제감각은 업무와 연관된 글로벌 트렌드를 분석하고 국제적 시각을 가지고 업무를 수행하며 글로벌 이슈에 대한 자료 수집 및 분석을 통하여 국제정세 변화에 대처할 수 있는 능력이다.

사례연구

마마보이 장그래의 후회

2015년 10월 A그룹의 신입사원으로 입사한 장그래는 부푼 마음으로 첫 출근을 하였다. 아무나 쉽게 들어가지 못하는 기업인 만큼 그는 자신감으로 가득 차 있었지만 한편으로는 엄마 없이 혼자 잘 해나갈 수 있을지 걱정이 앞섰다. 장그래는 마마보이였기 때문이다. 하지만 '별일이야 있겠어?'라는 마음으로 오늘 하루도 힘차게 출발하기로 마음먹었다.

점심 식사 후 과장님이 모두 옥상에 집합하라는 명령을 하자 다른 직원과 신입사원들은 즉시 옥상으로 갔지만 장그래는 어떻게 해야 할지 몰라서 엄마께 전화를 걸었다. 그러자 "옥상은 주로 잘못을 저지른 직원들을 벌 주기 위한 공간이니 옥상에 갈 필요 없다."는 답변이 돌아왔다. 이에 장그래는 옥상에 가지 않았다(사실은 직원의 건강과 업무 효율성을 높이기 위해 과장님이 고안해 낸 방법이었다). 오후 3시경 과장님이 모두 1층 로비에 집합 후 다시 사무실로 올라오라는 명령을 내렸다(1층 로비에서는 인센티브와 관련하여 과장님의 특별 전달사항이 있었다). 하지만 장그래는 이번에도 엄마께 갈 필요 없다는 얘기를 듣고 가지 않았다.

이런 생활을 한 달 정도 하고 난 후 1개월치 생산성 지수를 평가하니 다른 신입사원에 비해 장그래의 생산성 지수는 매우 낮았다. 자세한 내막을 알고 보니 과장님이 직원들을 그렇게 훈련시킨 이유는 직원의 건강과 생산성 향상을 위한 것이었고 과장님이 집합시킬 때마다 인센티브 및 각종 혜택에 대한 정보를 제공하고 있었던 것이다. 장그래는 어릴 때부터 모든 결정을 엄마께 맡겼기 때문에 회사에 입사하고서도 모든 일을 엄마께 일일이 여쭤봐야 했던 것이다. 즉 가정이라는 조직을 떠나서 직장이라는 새로운 조직에 들어오면 그 조직에 적응을 해야 하는데 장그래는 그러지 못했기 때문에 다른 신입직원에 비해 승진도 늦고 생산성도 떨어지는 결과를 얻게 된 것이다.

교육적 시사점

- 새로운 조직에 들어가면 그 조직의 문화나 규칙을 배워야 한다.
- 자기 스스로 의사결정을 할 수 있는 능력을 키워야 한다.
- 어려움이 있는 곳에는 항상 배울 것이 많다.

---

2) 출처: 한국산업인력공단 직업기초능력. 《조직이해능력 학습자용 워크북》. pp. 50. 국가직무능력표준 홈페이지(http://www.ncs.go.kr)

탐구활동

1. 조직이해능력의 개념도를 그리고 그 의미를 작성해 보자.

2. 조직이해능력의 하위능력의 의미를 기술해 보자.

하위능력	의미
경영이해 능력	
체제이해 능력	
업무이해 능력	
국제감각	

3. 【사례연구】를 읽고 장그래의 문제점과 이에 대한 합리적인 해결 방법을 작성해 보자.

문제점	해결 방법

학습평가

정답 및 해설 p.212

1 다음에 제시된 각 용어의 개념을 간단히 작성하시오.

① 조직:

② 직장:

③ 기업:

④ 조직이해능력:

※ 다음 문장의 내용이 맞으면 ○, 틀리면 ×에 ✓표시를 하시오. (2~4)

2 조직이해능력은 조직의 가치, 신념, 문화, 규칙, 질서에 대한 이해능력이다. (○, ×)

3 조직은 1인 또는 2인 이상의 단체를 의미한다. (○, ×)

4 경영이해능력은 글로벌 트렌드를 분석하여 글로벌 변화에 대응하는 것이다. (○, ×)

5 다음 중 조직이해능력의 하위능력에 해당하지 않는 것을 고르시오.

① 경영이해능력   ② 체제이해능력

③ 문제처리능력   ④ 국제감각

6 다음 중 내용이 바르지 않은 것을 고르시오.

① 체제이해능력은 조직구조와 문화를 이해하는 능력이다.

② 업무이해능력은 효율적인 업무처리능력과 관련이 있다.

③ 국제감각은 글로벌 트렌드 변화에 대응하기 위한 능력이다.

④ 경영이해능력은 문제해결을 위한 능력이다.

국제감각 따라잡기

조직이해능력 중 국제감각은 국제적 동향에 대한 이해 및 분석뿐만 아니라 외국인 비즈니스 파트너와의 관계 향상에 필요한 능력이다. 긍정적인 대인관계를 통한 파트너십 형성을 위해서는 대인관계 시 올바른 글로벌 매너를 보여야 하다. 이에 중국의 글로벌 매너 몇 가지를 소개한다.

1. 중국인의 비즈니스 매너
- 중국인은 협상 시 자신의 히든카드를 쉽게 노출하지 않는다. 따라서 중국인과 협상 시에는 시간적인 여유를 갖고 인내하며 그들의 거래 습관에 익숙해져야 한다.
- 중국인은 협상 시 개인적인 우정과 신뢰를 매우 중요시한다.
- 중국인은 실용적인 선물을 좋아한다.

2. 중국인의 식사 매너
- 중국인과 식사 시 준비한 음식은 한 번씩 손을 대는 것이 예의다.
- 공동으로 사용하는 스푼이나 젓가락을 이용하여 개인 접시에 덜어 먹어야 한다.
- 차 문화가 발달한 나라이기 때문에 우리가 술잔이 비면 따라 주듯이 상대방의 찻잔이 빌 경우 계속 따라주는 것이 예의다.

3. 중국인의 음주 매너
- 중국인들은 음주를 대인관계의 한 수단으로 여긴다.
- 술은 상대방의 술잔이 가득 차도록 수시로 따라 주고 잔은 돌리지 않는 것이 예의다.

제2절 조직이해능력의 중요성 및 필요성

조직이해능력은 그 조직의 문화나 규정 등에 대한 이해도가 얼마나 높은지로 파악할 수 있다. 이러한 조직이해능력은 조직문화에 대한 이해와 일맥상통한다. 조직문화는 특정 집단이 고안, 발견, 개발, 지속하는 기본 믿음들로, 오랜 기간 동안 조직 구성원이 타당한 것으로 여겨 와 그들 사이에서 당연한 것으로 받아들여지고, 새로운 구성원에게는 조직의 대내외적 문제를 해결하는 올바른 방법으로 학습되는 것이다. 또한 조직문화는 정확하게 표현할 수 없는 것이면서도 기업을 이끄는 동인, 기업의 밑바닥에 흐르고 있는 정신적 배경이 되고 구성원들의 사고, 행동에 방향과 힘을 주는 바탕이다. 더불어 조직 구성원들을 결합시키고 그들의 직장생활에 의미와 목적을 부여해 주면서 그들의 행동을 결정하는 중요한 요소라고 할 수 있다. 그러므로 조직문화에 대한 이해가 낮으면 한 조직에서 개인이 발휘할 수 있는 역량이 떨어지고 그 개인은 조직에서 살아남기 힘들게 된다.

사람들은 성인이 되면 직업이라는 것을 가지게 되고 그 직업을 통해 돈을 벌기 위해 직장이라는 곳에 입사를 하게 된다. 청소년기에는 조직의 핵심이 가정이지만 성인기가 되면 조직의 주 무대가 직장으로 이동하게 된다. 이 직장이라는 조직에서 사람들은 상사와 부하직원을 만나고 고객과도 만나면서 한편으로는 회사원의 입장으로 또 한편으로는 조직의 고객이 되기도 한다. 직장인이 되면 이처럼 조직에서 일을 하게 된다. 업무 유형과 내용은 조직마다, 개인마다 다르겠지만 사람들은 자신이 좋아하는 일을 하고 싶어 하며, 자신의 조직에서 남들보다 더 인정받고 싶어 한다. 이처럼 조직에서 자신에게 주어진 일을 성공적으로 수행하기 위해서는 그 조직이 돌아가는 기본적인 원리와 업무를 잘 파악하여야 한다. 따라서 직장인들은 자신의 업무를 효과적으로 수행하기 위하여 조직구조와 국제적인 동향 등을 포함하여 조직의 체제와 경영에 대해 폭넓게 이해하는 조직이해능력을 기를 필요가 있다.

조직 또는 조직문화에 대한 이해도가 높거나 조직 적응력이 높으면 그만큼 조직 업무성과도 높아진다. 조직문화는 한 조직에서 발생 또는 개발된 기술, 행동양식, 가치관, 믿음 등을 포함하고 있기 때문에 조직문화에 대한 이해도가 높다는 것은 그만큼 그 조직의 업무 흐름을 잘 파악하고 있다는 것이자 조직 내 구성원 간의 의사소통을 잘한다는 의미이다. 조직 내의 원활한 소통은 곧 조직의 업무성과 향상으로 이어진다. 일반적으로 공공 조직의 경우 위계·관계·혁신·시장문화 중 조직 효과성, 즉 직무 만족, 조직 몰입, 직무 몰입에 긍정적 영향을 미치는 바람직한 형태의 조직문화는 관계문화와 시장문화가 주를 이룬다. 이에 대해 김태한·정홍상(2011)은 대구광역시 소방공무원을 대상으로 조직문화를 진단하고 조직문화가 조직 효과성에 미치는 영향을 실증적으로 분석하였다. 조직문화를 위계·관계·시장·혁신문화로 대별하고 조직 효과성을 직무 만족, 조직 몰입, 직무 몰입으로 설정하여 분석한 결과, 관계문화와 시장문화가 구성원의 직무 만족, 조직 몰입, 직무 몰입의 향상에 정(+)의 영향을 미치는 것으로 나타났다. 분석 결과를 근거로 본 연구는 위계문화, 관계문화, 시장문화, 혁신문화 중 소방 조직의 경우 관계문화와 시장문화의 유지·발전이 조직 효과성의 제고로 이어질 수 있음을 제시하였다.[3]

또한 조직 규정이나 문화에 대한 이해도가 높으면 조직 내의 집단 간 갈등 해결에 도움이 되고 기업의 전략수행 시 전력을 한 곳에 집중하여 생산성을 높일 수 있기 때문에 조직이해능력은 조직에서 매우 중요하다. 예컨대 조직 구성원 간의 불신이나 갈등은 서로에게 심리적 상처를 주게 되고 심지어는 의사소통의 단절로까지 이어져 구성원 간의 응집력을 감소시키며 개인의 직무에 대한 만족과 몰입을 저하시키는 결과를 초래한다. 이는 곧 조직의 생산성 향상에 도움을 주지 못하기 때문에 이러한 갈등을 조기에 해결하기 위해서라도 조직에 대한 폭넓은 이해가 필요하다.

다음은 Pfeffer[4]가 제안한 직장에서의 갈등을 극복하기 위한 원칙들이다. 조직이해능력에서 가장 중요한 능력 중 하나인 갈등해결능력은 조직생활에 원활하게 적응하기 위한 꼭 필요한 능력이다.

- 가장 핵심적인 목표에 초점을 맞추어라.
- 문제가 되지 않는 것들을 가지고 싸우지 말라.
- 다른 사람의 견해에 대해 공감적 이해를 마련하라(상대방의 입장이 되어서 생각하라).
- 옛 속담을 충실히 따르라: 친구는 가까이, 적은 더 가까이 두어라.
- 어려운 상황을 헤쳐 나가기 위해 유머를 발휘하라.

사례연구

조직을 이해하는 리더가 제대로 된 조직을 이끈다.

조직이나 기업에서 리더의 역할이나 리더십은 조직의 운명을 좌우할 만큼 중요하다. 리더의 성격이나 리더십이 어떠하냐에 따라 조직 구성원의 스트레스 크기가 좌우되고 경영성과도 달라진다. 따라서 올바른 리더는 조직에 대한 전반적인 이해를 기반으로 자신의 조직을 운영하여야 한다.

예를 들어 조직의 문화는 '사람과 함께하는 기업'인데 리더는 업무성과에만 치중하여 조직 구성원들에게 과중한 업무를 부여하고 구성원 간의 모임이나 여가활동을 금지한다면 조직 구성원은 자신의 업무에 대해 소홀해지고 경영자와의 의사소통 부재로 거짓 업무 보고를 하는 경향이 나타나 결국 조직의 업무성과는 떨어지게 될 것이다.

반면, 조직의 문화를 제대로 이해하는 리더는 사람과 사람과의 관계 활성화가 일할 수 있는 분위기를 만들고 자유로운 회사 분위기 속에서 창의적인 아이디어가 나온다는 것을 잘 알고 있다. 리더가 구성원들의 자유 시간을 보장하고 여가활동이나 자기 개발에 대한 지원을 하는 등 조직 구성원들에게 다양한 혜택을 보장하면 구성원들이 리더를 믿고 자신의 업무 이상의 일을 함으로써 업무성과가 점점 더 향상될 것이다.

교육적 시사점

- 조직의 문화를 잘 이해하는 리더는 구성원들로부터 존경을 받고 구성원들은 할당된 업무 이상의 일을 하게 되어 업무성과가 높아진다.
- 조직경영 성과를 높이기 위해서는 리더는 조직에 대한 이해도를 높여야 하고 창의적인 아이디어 창출을 위해 조직원들 간의 관계를 보장해 주어야 한다.

---

3) 출처: 김태한·정흥상(2011). 조직문화가 조직 효과성에 미치는 영향: 대구광역시 소방 조직을 중심으로. 지방행정연구, 25(4), pp. 85~106.
4) 출처: Pfeffer, J. (2014). Win at Workplace Conflict. Harvard Business Review. https://hbr.org/2014/05/win-at-workplace-conflict.

탐구활동

1. 조직이해능력의 중요성을 작성해 보자.

2. 조직에 대한 이해가 필요한 이유를 작성해 보자.

3. 【사례연구】를 읽고 제대로 된 조직을 이끌기 위한 리더의 조건을 기술해 보자.

4. Pfeffer(2014)가 제안한 직장에서의 갈등을 극복하기 위한 원칙 다섯 가지를 기술해 보자.

   1) _____

   2) _____

   3) _____

   4) _____

   5) _____

학습평가

정답 및 해설 p.212

※ 다음 문장의 내용이 맞으면 ○, 틀리면 ×에 ✓표시를 하시오. (1~5)

1 조직이해능력은 조직문화에 대한 이해능력과 일맥상통한다. (○, ×)

2 조직문화는 오랜 기간 동안 조직 구성원이 타당한 것으로 여겨 와 그들 사이에서 아무런 의심 없이 당연한 것으로 받아들여진 믿음이다. (○, ×)

3 청소년기에는 조직의 핵심이 가정이지만 성인기가 되면 조직의 주 무대가 학교로 이동하게 된다. (○, ×)

4 조직문화에 대한 이해도가 높거나 조직 적응력이 높으면 그만큼 조직업무 성과도 높아진다. (○, ×)

5 조직 내의 경직된 소통은 곧 조직의 업무성과 향상으로 이어진다. (○, ×)

6 직장에서의 갈등 극복 원칙에 대한 설명으로 적절하지 않은 것을 고르시오.
① 가장 핵심적인 목표에 초점을 맞추어라.
② 크게 문제가 되지 않는 것이라도 내 주장을 관철시키기 위해 싸워야 한다.
③ 다른 사람의 견해에 대해 공감적 이해를 마련하라.
④ 옛 속담을 충실히 따르라: 친구는 가까이, 적은 더 가까이 두어라.

내가 속한 조직 구성원과 관계마케팅 하라

관계마케팅은 일반적으로 고객 관계 관리에 적용되는 개념이다. 즉, 고객과 관련된 기업의 내외부 자료를 분석하고 통합하여 각 고객 특성에 기초한 마케팅 활동을 계획하고 수행하는 과정이다. 이를 통해 일반 고객을 충성 고객 또는 우호 고객으로 만드는 것이다.

이러한 원리를 조직에도 적용하면 조직 구성원과의 갈등을 미연에 방지할 수 있고 효과적으로 업무를 수행할 수 있다. 조직 구성원과의 관계마케팅을 다음과 같이 시행해 보라. 그러면 여러분들이 원하는 방향으로 구성원과의 관계를 유지할 수 있을 것이다.

1. 하루 일과가 끝나면 문자메시지로 '하루 동안 수고하셨습니다'라고 짧은 문자를 보내라.
2. 회사 업무 일정 외에 조직 구성원의 일정에 관심을 두어라. 예를 들어 구성원의 생일을 일정에 기록해 두었다가 생일 때 짧은 문자를 보내거나 전화 한 통화를 하여라. 이러한 행동은 여러분을 조직에서 필요한 구성원으로 만드는 데 일조할 것이다.
3. 하루에 한 번 정도는 구성원들과 커피 타임을 가져라. 10분 동안의 짧은 휴식이지만 개인적인 이야기를 하면서 서로의 마음을 이해할 수 있게 된다.

학/습/정/리

1. 조직이해능력은 직장생활을 하는 사람들이 그 조직에 적응할 수 있는 최소한의 지식으로 조직문화 이해능력으로 표현되기도 한다.

2. 조직은 2인 이상의 사람으로 구성되며 각 조직 나름대로의 고유한 가치, 신념, 규칙, 문화, 질서 등 한 조직이 공유하는 조직 특성이 있다.

3. 경영이해능력은 개인이 속한 조직의 비전과 목표를 이해하고 경영의 효율적 조정을 위해 조직의 방향성에 자신의 업무를 맞추어 관리하여 생산성을 향상할 수 있는 방법을 꾸준히 모색하는 능력이다.

4. 체제이해능력은 조직의 규칙 및 규정, 업무 절차를 이해하고 조직 내 단위조직의 기능과 역할을 이해하며 조직 간의 관계를 이해하는 능력이다.

5. 업무이해능력은 업무활동을 분석하여 우선적으로 처리해야 할 업무를 파악하고 해당 업무처리계획 및 절차를 수립하여 진행하는 능력, 업무수행의 결과를 평가하고 비교하는 능력을 말한다.

6. 국제감각은 업무와 연관된 글로벌 트렌드를 분석하고 국제적 시각을 가지고 업무를 수행하며 글로벌 이슈에 대한 자료 수집 및 분석을 통하여 국제정세 변화에 대처할 수 있는 능력이다.

7. 직장인들은 자신의 업무를 효과적으로 수행하기 위하여 조직구조와 국제적인 동향 등을 포함하여 조직의 체제와 경영에 대해 폭넓게 이해하는 조직이해능력을 기를 필요가 있다.

8. Pfeffer(2014)의 갈등 극복 원칙들은 다음과 같다.

1) 가장 중요한 목표에 집중하라.

2) 크게 문제가 되지 않는 것들을 가지고 싸우지 말라.

3) 서로 역지사지할 수 있는 공감의 토대를 마련하라.

4) 옛말 틀린 것 하나 없다. 친구는 가까이, 적은 더 가까이 두어라.

5) 어려운 상황에 처할수록 유머를 발휘하라.

NCS
직업기초능력평가

조직
이해
능력

Chapter

02

경영이해능력

제❷장
경영이해능력

▶▶ 학습목표

구분	학습목표
일반목표	직장인으로서 자신이 속할 조직의 경영목표와 전략, 비전을 이해하고 경영의 한 주체자로서 의사결정과 조직경영에 참여하는 능력을 기른다.
세부목표	1. 내가 속한 조직의 경영방법 및 비전과 목표를 설명할 수 있다. 2. 내가 속한 조직의 방향성에 맞추어 나의 업무를 관리할 수 있다. 3. 내가 속한 조직의 의사결정 과정을 설명할 수 있다. 4. 내가 속한 조직의 경영전략을 다른 조직의 경영전략과 구분할 수 있다. 5. 근로자가 조직경영에 참여하는 방식을 설명할 수 있다. 6. 업무 추진 시 최대 성과를 도출할 수 있는 다양한 방법을 설명할 수 있다.

▶▶ 주요 용어 정리

경영

기업이나 사업 따위를 관리하고 운영하는 것을 의미하며 좀 더 폭넓게는 사업을 함에 있어 계획을 세우고 추진 전략을 수립하여 전략을 수행하는 행위

경영전략

희소한 경영자원을 배분하여 기업의 경쟁 우위를 창출하고 이를 유지시킬 수 있게 하는 주요한 의사결정

리더십

경영자(조직의 리더)가 특정 상황하에서 집단이나 조직의 목표를 달성하기 위해 조직 내의 개인이나 집단에 적극적인 영향력을 미치는 과정에서 발휘하는 특성

의사결정

조직의 문제해결과 관련된 여러 대안(Alternatives) 가운데서 미래에 발생할 현상에 대해 결정자가 의도하는 쪽으로 유도하기 위해 하나의 대안을 선택하는 과정

제1절 경영전략

1 경영전략 관련 주요 용어 비교

1) 경영 및 전략과 전술의 구분

① 경영의 개념

경영은 기업이나 사업 따위를 관리하고 운영하는 것을 의미하며 좀 더 폭넓게는 사업을 함에 있어 계획을 세우고 추진 전략을 수립하여 전략을 수행하는 행위까지를 포함한다. 또한 경영은 일반적으로 최고경영자 수준에서 행해지는 반면 운영이나 관리는 실무자 수준에서 행해지는 행위를 말한다.

경영은 가정이나 모임 등에서도 사용하지만 주로 기업에서 사용되는 용어이다. 기업이 자본을 투자해서 어떤 일을 수행할 때 인력관리, 자본관리, 회계관리, 업체관리 등 기업의 손익과 관련된 모든 일들을 체계적이고 조직적으로 운영하고 관리하는 것이 경영이다. 경영에서는 전략과 전술, 마케팅 및 홍보 등이 중요한 요소로 작용한다.

② 전략과 전술의 개념

전략(Strategy)은 전술보다 상위 개념으로 전쟁에서 '승리'라는 목표를 달성하기 위한 최적의 방법으로 다양한 전투를 계획하고 수행하는 과정을 체계적으로 정리한 작전이나 책략을 의미한다. 경영학에서 전략은 기업의 미래에 대한 밑그림으로 장기적이고 근본적인 대책이다. 경영전략은 희소한 자원을 효율적으로 배분하여 미래에 최적의 수익을 낼 수 있도록 구성되어야 하고 경영전술이 추구해야 하는 방향을 알려 줄 수 있어야 한다. 경영자와 조직구성원은 이러한 경영전략을 토대로 현재의 사업을 효율적으로 운영하고 최대한의 효과를 낼 수 있도록 조직을 운영하며 의사결정을 해야 한다. 예를 들어 A기업에서 '시장지배력 확보'라는 방향을 정하고 '고객 상담'을 통해 이를 실현하려 한다면 A기업의 전략은 '시장지배력 확보'이고 시장지배력을 확보하기 위한 전술은 '고객 상담'이 된다. 즉, 전략은 방향이고 전술은 그 방향과 목표에 도달하기 위해 할 수 있는 행위이다.

한편, 전술(Tactics)은 전쟁에서 전략의 하위 개념으로 전투에서 어떻게 싸울 것인가에 대한 구체적인 방법을 의미한다. 군대에서 전술은 소규모의 전투에서 승리하기 위한 작전에 비유된다. 경영학에서 전술은 고객과의 상담, 기안 올리기, 시스템 설계, 광고 제작 등 전략 목표에 도달하기 위해서 행하는 일상적인 활동이다. 예를 들어, 직장인이 비즈니스 영어 공략이라는 전략을 세울 경우 이를 성공시키기 위해 원어민 강사와의 대화, CNN 듣기 등의 전술을 구사할 수 있다.

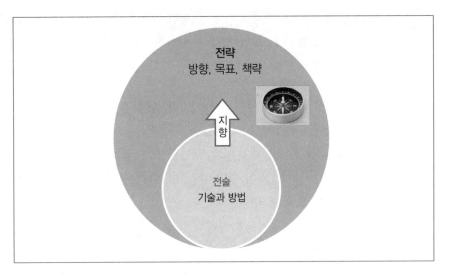

| 그림 2-1 | **전략과 전술의 차이**

2) 비전, 미션 및 계획의 구분

① 비전(Vision)과 미션(사명, Mission)의 개념

조직에서 비전은 목적과 유사한 개념으로 경영전략과 전술을 통해 달성하고자 하는 미래의 '어떤 상태'를 의미한다. 즉, 조직의 바람직한 미래상을 표현한 것으로서 미래에 어떤 기업이 되고 싶은가를 나타낸 조직 구성원의 소망이다. '기업이 미래에 달성하고자 하는 기업상'으로 표현되기도 한다.[5] 이러한 기업 비전은 기업에게 목표를 제시하고 기업을 장기적으로 운영하는데 있어 방향타 역할을 한다. 이러한 관점에서 비전이 있는 기업과 없는 기업의 차이는 원대한 이상을 품고 삶에서 이를 추구하는 개인과 매일매일을 아무 생각 없이 살아가는 사람의 차이와 같다. 실제로 기업 비전을 뚜렷이 갖고 이를 장기간에 걸쳐 지속적으로 추구하는 기업만이 뚜렷한 성과를 거둘 수 있다. 조직에 속한 개인의 관점에서 비전을 가지면 결국 미래에 행동의 차이를 가져와 조직에서 인정받을 수 있게 된다. 개인들이 가질 수 있는 비전은 '바이어와 유창한 협상을 하는 자신의 모습', '핵심 인재로 인정받는 모습', '많은 스카우트 제안을 받는 모습' 등이 있고 조직의 관점에서는 '글로벌 모바일 1위 기업', '사회와 함께하는 친구 같은 기업' 등의 비전을 제시할 수 있다.

비전과 유사한 개념으로 미션이 있는데 미션은 조직이나 기업의 존재 이유를 설명하고 기업에서 최상위 개념으로 궁극성과 지속성을 전제로 미션을 설정한다. 전쟁하는 이유, 기업 존재 이유, 개인 존재 목적 등이 미션에 해당한다. 예컨대 여러분의 인생 미션이 '성공'이라면 성공을 위해 30대의 비전, 20대의 비전 등을 세울 수 있다. 20대에 자기 전공에 대한 공부를 끝낸다는 비전을 수립하고 30대에 직장에 취업해서 20대에 공부한 내용을 직장에서 유감없이 발휘하는 모습을 비전으로 수립할 수 있다.

② 기업 비전의 사례

조직이나 기업의 비전은 그 기업의 목표나 목적에 따라 다양하게 나타난다. 효과적인 비전 수립을 위해서는 다음과 같은 점을 고려하여야 한다.

- **방향성**: 어떤 영역으로 나아갈 것인가?
- **차별성**: 기업의 방향, 종사원이 해당 기업에서 해야 할 역할 등 타 기업과 차별화할 수 있는 부문을 설정하여야 한다.
- **가치**: 비전은 기업 구성원에게 의미 있고 가치 있는 메시지를 전달할 수 있어야 하고 그 메시지에 의해 조직이나 기업 구성원의 행동이 변화될 수 있어야 한다.

조직이나 기업의 비전은 국내와 해외가 다소 차이가 있다. 국내는 주로 인화, 단결, 협동 등 단합에 대한 비전이 많고 해외의 경우 '최고의 제품 및 서비스를 최저의 비용으로 공급' 등 주로 제품이나 상품과 직접적인 연관이 있는 비전이 많다. 하지만 최근에는 국내 조직이나 기업들도 글로벌 추세에 맞

---

5) 출처: 장세진(2010). 《(글로벌경쟁시대의)경영전략(6판)》. 서울: 박영사. 본문 참고.

추어 소비자, 상품, 서비스 등에 초점을 맞춘 비전을 수립하는 경우가 많아졌다.

해외 기업 중 마이크로소프트사의 비전은 역사적 흐름에 따라 기업이 나아갈 길을 명확히 설정해 주는 좋은 사례라 할 수 있다. 설립 초기에는 [모든 책상 위에 컴퓨터를, Computer on every desk]라는 비전을 통해 약 20년 동안 컴퓨터 소프트웨어 시장을 장악하여 왔다. 하지만 1995년 이후 본격적으로 인터넷이 등장하자 인터넷 시장 장악을 위해 2000년에 [언제, 어디서나, 어떤 도구를 사용해서든 어떤 일이든 할 수 있게 한다, Anytime, anywhere, computing]이라는 비전으로 변경하였다. 이처럼 마이크로소프트사는 인터넷 서비스뿐만 아니라 PC 프로그램, 서버, 이동전화용 프로그램, PDA 프로그램, 윈도우 모바일 등 PC 중심에서 인터넷 시대를 겨냥한 기업 비전을 수립하여 현재까지도 변화하는 시대 환경에 잘 적응하고 있다.

국내에서도 기업마다 다양한 비전을 수립하고 있다. 삼성은 2015년 창립 30주년 기념식 및 비전 선포식에서 '2020년 매출 20조 원 달성, 글로벌 정보기술(IT) 서비스 기업 Top 10 진입을 통해 일류 기업으로 성장'이라는 비전을 수립하였다. 현대는 '세상을 움직이는 현대'라는 비전을 세우고 고객 행복 경영, 가치 창조 경영, 사회 친화 경영이라는 경영방침을 수립하여 그룹을 운영하고 있다. 이 밖에 국내 50대 기업의 21세기 비전을 요약하면 초일류 종합기업(상사), 세계 10대 초일류 생명보험회사, 세계 5대 종합통신 사업자, 21세기 초우량 기업, 세계적인 초우량 기업, 세계에서 제일 좋은 기업, 초인류 초대형 종합 중공업 업체, 21세기 으뜸 은행, 천억불짜리 기업으로 성장하기 등[6]이 있다.

③ 비전(목적), 전략, 목표, 계획의 구분

경영전략에서 전략, 목표, 계획 등의 용어가 혼재되어 사용되는 경우가 많다. 3가지 용어를 구분해 보면 전략은 기업 경영의 마스터 플랜이지만 구체적 목표 및 계획이 부재되어 있다. 이를 보완하기 위해 전략을 토대로 구체적인 목표를 수립하고 이에 따라 목표는 전략보다 단기적이고 지엽적인 특성을 갖는다. 계획은 목표 달성을 위한 행동 지침으로 누가, 언제, 어디서, 무엇을 할 것인지를 구체적으로 수립한 액션플랜(Action Plan)을 의미한다.

즉, 전략의 성공적 수행을 위해 전술이 필요하다면 목표를 달성하기 위해서는 계획이 필요하다.

좀 더 구체적인 사례를 들어보면 비전과 유사하다는 전제하에 목적은 다소 추상적이고 장기적인 관점에서 '영업 실적 높이기' 등으로 설정할 수 있고 기업부 수준 관점에서 판매할 시장과 제품 선택 등 장기적인 의사결정을 고려하여 '제품 혁신'이라는 전략을 수립할 수 있다. 한편, 목표는 사업부 수준(영업부, 개발부, 마케팅부, 조립부 등을 의미함)에서 고객 취향에 맞는 제품 개발을 위해 구체적 대상 또는 지표를 선정하여야 한다. 예를 들어 '올해 안에 종사원 1인당 100명의 고객 만들기'가 목표가 될 수 있다. 계획은 이러한 목표 달성을 위한 마케팅 및 홍보 방법 등으로 '고객 트랜드 시장 조사', '경쟁사 제품 분석', '전문가 영입' 등 좀 더 하위 단계의 기능별 수준의 조직에서 행할 수 있다.

2 경영전략의 개념 및 필요성

1) 경영전략의 개념

경영전략은 경영을 하는 데에 필요한 전략(Corporate Strategy)으로 기업이 가용할 수 있는 희소한 경영자원을 배분하여 해당 산업 분야에서 경쟁 우위를 점하고 사업을 유지할 수 있게 하는 주요한 의사결정이다. 즉, 기업의 사명 및 목표 달성을 위한 장기적이고 근본적인 계획이나 정책으로 해당 분야 기업들 간 경쟁에서 경영자원을 얼마나, 어떻게, 어디에 집중할 것인가를 결정하고 어떻게 승리할 것인가를 정하는 과정이 경영전략 의사결정 과정이다. 의사결정이 잘못되면 기업은 생사의 갈림길에 서기 때문에 정확한 정보를 통해 현실적인 예측을 하여야 한다. 예컨대 정부의 경우 무리한 예측을 통해 잘못된 예산 배정을 하게 되면 엄청난 혈세가 낭비되는 현상이 발생할 수 있다. 따라서 경영전략은 다양한 정보 원천을 통해 기업이나 정부가 미래에 지속적으로 살아나갈 방향을 중장기적으로 수립하는 것을 의미한다. 경영전략의 개념에 대해선 학자들마다 다소 차이가 있지만 주요 학자들의 개념을 정리하면 다음과 같다.

---

6) 출처: 김언수(2013). 《Top을 위한 전략경영 4.0》. 경기도: 피앤씨미디어. 본문 참고.

효과적인 경영전략을 수립하기 위해서는 기업을 둘러싸고 있는 외부 환경, 내부의 경영자원과 핵심 역량, 경쟁자 등 과업 환경, 조직구조와 관리 시스템, 리더십과 기업문화가 상호 일치, 통합되어야 한다. 효과적인 경영전략의 조건은 다음과 같다.[7]

① **명확하고 과감한 전략**

조직의 모든 사람들이 이해할 수 있는 간단명료한 목표, 업계에서 우위와 지속성을 확보하기 위한 과감하고 결정적인 목표를 가진 전략

② **유연성**

경쟁사의 공격에 능동적으로 대처하고 필요에 따라 신속한 자원 재배치가 가능한 전략으로 전략 수립과 실행의 동시성이 확보된 전략

③ **집중성**

기업의 역량과 경쟁 우위를 결정적인 시점, 적합한 곳에 집중적으로 투자하는 전략, 상대의 약점에 우리의 강점을 집중하는 전략

④ **안정성과 커뮤니케이션**

필요에 따라 가용 자원의 확보 및 확장이 용이한 전략

⑤ **열성적인 헌신과 리더십**

최고경영자의 헌신과 중간 책임자의 자유로운 리더십 발휘를 통한 위기 상황 대처 능력의 향상이 가능한 전략

2) 경영전략의 수준 및 유형

경영전략은 기업 전사적 차원에서 수립할 경우도 있고 각 부서별로 수립할 수도 있다. 전략을 수준에 따라 구분하면 기업 전체적인 '전사적(기업부 수준) 전략', 각 부서별 '사업부 수준 전략', 사업부의 각 팀이나 기능별 '기능부 수준 전략'으로 구분할 수 있다(Olsen, 2008). 각 수준별로 전략의 유형은 '성장·축소 전략', '경쟁력 강화 전략'으로 구분할 수 있다.

① **경영전략의 수준**

  • **전사적(기업부 수준) 전략**: 기업부 수준 전략(Corporate Strategy)은 최고 경영자나 경영진에서 장기적인 방향을 정하는 전략으로 경쟁 시장, 경쟁 산업 등을 결정한다.

- 사업부 수준 전략: 사업부 수준 전략(Business Strategy)은 사업·생산라인 단위 전략, 특정 사업이나 시장 내에서 경쟁하기 위한 전략으로 서비스의 결합 결정, 시설의 입지 선정, 신기술 도입 등에 대한 의사결정을 한다.
- 기능부 수준 전략: 기능부 수준 전략(Functional Strategy)은 사업 전략의 원활한 수행을 위해 조직의 자원을 어떻게 사용할 것인지에 대한 전략이다. 즉, 한정된 자원으로 자원의 효용을 어떻게 극대화시킬 수 있는지에 대한 전략이다.

② 경영전략의 유형
- 성장전략은 기업이 장기적인 경쟁에서 생존하기 위해 현재 진행하고 있는 사업이나 영업 활동을 키우는 전략인 집중화 전략, 동일한 사업 영역을 확장하는 다각화 전략, 새로운 사업 영역에 진출하는 수직적 통합화 전략이 있다.
- 축소전략은 실패의 위험은 다소 있지만 단기간 시장에 진출하거나 기술을 확보하는 데 효과적인 M&A 전략(인수, 합병, 흡수)과 다운사이징, 영업양도, 현상유지 전략이 있다.
- 경쟁력 강화 전략으로는 둘 이상의 기업이 서로의 이익을 위해 동반자 관계를 맺는 전략적 제휴 전략과 e-비즈니스 전략으로 구분할 수 있다. 전략적 제휴 전략에는 우수한 품질의 부품이나 원재료, 서비스를 원활하게 공급받기 위한 공급적 제휴 전략과 제품이나 서비스의 공동 생산 및 판매를 위한 분배적 제휴 전략이 있다. e-비즈니스 전략은 정보 기술 및 인터넷 기반 기술을 이용한 상거래 전략으로 B2B, B2C, C2C 등의 전략이 있다.

3) 경영전략의 필요성

우리나라의 경우 해방 전만 하더라도 모든 산업 분야에서 수요에 비해 공급이 부족하여 물건을 만들기만 하면 판매가 되었다. 하지만 해방 이후 산업화를 거치면서 공장이 기계화, 자동화되면서 노동집약적 산업에서 자본집약적 산업으로 성장하게 되었다. 해방 전만 하더라도 수요자의 요구나 필요는 고려하지 않고 기업의 구체적인 전략 없이도 상품 판매가 가능하였지만 산업화 이후에는 소비자의 요구가 다양해지고 동일한 상품이나 제품, 서비스를 생산하는

---

7) 출처: 김언수(2001). 《움직이는 전략》. 서울: 세영사. 본문 참고.

공급자가 급증하면서 이전과 동일한 전략으로는 자사의 제품이나 서비스를 더이상 판매할 수 없게 되었다. 이에 따라 기업별로 체계적인 사업 계획과 시장파악, 시장에 따른 적절한 자금 분배 등이 필요하게 되었고 생산, 마케팅, 인사, 재무 등 기능별 수준에 따른 미래 예측이 필요해지면서 경영전략이 대두하게 되었다.[8] 경영전략의 필요성을 요약하면 아래와 같다.

- 급변하는 환경 변화에 대응하기 위한 장기적인 전략 필요
- 기업 내부의 경영자원과 핵심 역량에 대한 관심 증대
- 매출 목표에 따른 적절한 자금 배분 필요
- 생산, 마케팅, 인사, 재무 등 기능별 수준 통합 필요
- 불확실성에 따른 예측 어려움에 대응하기 위한 정형화된 전략 수립 필요
- 경기 상황 변화에 신속한 대응 필요

4) 경영전략의 발전 과정

경영전략은 전쟁에서 승리하기 위해 군대를 효율적으로 이끌기 위한 방책인 군사전략에서 기원하였다. 이후 1950년대와 1960년대를 거치면서 미국의 다각화 기업들이 거대해진 기업을 어떻게 효율적으로 운영할 것인가 하는 현실적인 문제에 직면하면서 사업부별 장기전략 계획이 대두되게 되었다. 1970년대 초까지는 BCG 매트릭스나 SWOT 분석을 통하여 효율적으로 기업을 운영할 수 있었다.

이후 1970년대 후반에 접어들며 전 세계적으로 오일쇼크 등이 발생하여 경기가 불안정해지고 경기 예측이 어려워지면서 장기전략 계획이 빠르게 변화하는 경기 상황을 반영하지 못한다는 회의적인 의견들이 나왔다. 이에 실시간으로 변하는 시대 흐름에 빠르게 대응하고 경영진과 실무진과의 전략 공유 필요성에 따라 Porter(1996)[9] 교수를 필두로 한 산업 구조와 경쟁전략에 대한 분석 방법이 대두되었다. 산업 구조 분석은 기업이 현재 처한 외부 환경을 이해하기 위해 어떤 전략적 사고를 할 것인지에 초점을 맞춘다. 즉, 기업이 산업 내에서 경쟁 우위를 갖기 위해 좋은 위치를 선점하여야 하고 경쟁 기업에 앞서기 위해 비용 우위나 차별화 우위를 가져야 한다는 주장이다. 하지만 Porter 교수의 산업 구조 분석은 외부 환경 분석에는 효율적이었지만 그러한 환경에 어떻게 대응하여야 하는지에 대한 구체적인 대안을 제시하지 못하였다. 때문에 최

근에는 구체적인 대안으로 기업의 경영자원이나 핵심 역량을 그 기업의 경쟁 우위를 점할 수 있는 주요 요소로 파악하고 인적 자원 관리 및 기업가 정신 등의 배양을 경영전략의 핵심으로 보는 견해가 우세하다.

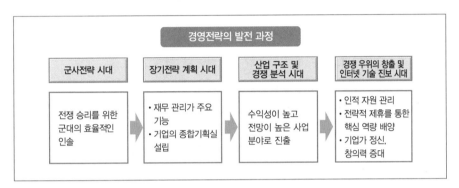

| 그림 2-2 | **경영전략의 발전 과정**[10]

3 경영전략의 수립 과정[11]

1) 1단계: 기업의 미션(Mission) 및 목표(Goals) 설정

경영전략 수립의 1단계에서는 ① 기업의 존립 근거와 당위성을 설명한다. 다음으로 ② 어떤 사업을 할 것인지 사업 영역을 결정하여야 한다. 사업 영역이 결정되면 ③ 기업의 전략적 목표를 설정하여야 한다. 이후 기업의 중장기적 방향과 열망을 구체적 수치를 이용해서 표시한다. 다음으로 경영 이념을 수립하고 기업의 기본적 신념과 가치관, 철학적 신조 등을 결정한다.

2) 2단계: 기업의 내·외부 시장 상황 분석

기업을 둘러싸고 있는 외부적 환경과 내부적 강점, 약점 등을 분석한다. ① 외부 환경 분석에서는 외부 환경의 분석틀(SWOT, 포터의 산업 구조 분석 등)을 이용하여 기회와 위협을 포착한다. 다음으로 ② 내부 환경 분석에서는 기업 내부의 강점과 약점을 발견한다.

8) 출처: 장세진(2010). 《(글로벌경쟁시대의)경영전략(6판)》. 서울: 박영사. 본문 참고.
9) 출처: Porter, M. E. (1996). What is a Strategy?. Harvard Business Review. November-December, pp. 61~78.
10) 출처: 장세진(2010). 《(글로벌경쟁시대의)경영전략(6판)》. 서울: 박영사. 참고 후 재작성
11) 출처: Olsen, M. D. (2008). Strategic Management in the Hospitality Industry. Prentice-Hall.

3) 3단계: 전략의 수립 또는 선택

3단계에서는 2단계의 내·외부 환경 분석을 통해 도출된 결과를 토대로 기업의 목표를 달성할 수 있는 전략적 대안을 개발하고 이를 비교, 평가하여 기업부, 사업부, 기능부 차원의 전략을 수립 또는 선택한다. 기업부 차원에서는 전사적인 관점에서 기업의 장기적 이익을 어떻게 극대화할 것인지에 목표를 두고 전략을 수립한다. 사업부 차원에서는 기업의 전체 사업 중 해당 사업부의 사업에서 경쟁자들과 경쟁할 때 어떤 마케팅이나 무기를 사용하여야 승리할 것인지에 대한 전략을 수립한다. 기능부 차원에서는 사업부 차원의 전략에 입각하여 개별 기능부서별 실행 방안을 결정한다. 이러한 전략 수립 및 선택은 제품의 차별화 전략, 원가 전략, 시장세분화 전략, 경쟁 우위 전략으로 구분할 수 있다.

4) 4단계: 전략의 실행

마지막으로 4단계에서는 조직구조 및 통제 시스템을 설계한다. 전략 실행 시 가장 적합한 조직구조를 설계하고(수출지향적 조직인지, 내수 조직인지 등) 수립된 전략을 역할에 따라 조직 구성원에게 분배한다. 전략 실행 후 전략이 제대로 수행되고 있는지에 대한 감시와 감독을 할 수 있는 통제 시스템을 설계하여야 한다. 통제 시스템을 통해 전략 실행 시 발생할 수 있는 각종 갈등, 의사소통, 권력관계 등을 관리한다. 이상의 과정을 도형화하면 [그림 2-3]과 같다.

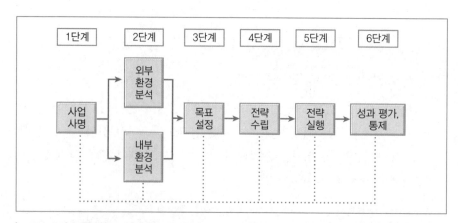

| 그림 2-3 | 경영전략의 수립 및 실행 과정

4 기업의 내·외부 환경 분석

조직이나 기업이 환경 분석을 하는 이유는 대중매체의 기술적 진보에 의한 세계화와 급속한 사회 변화, 경쟁 기업과의 합병, 무역 장벽 완화, 외국 기업의 국내 시장 잠식 등 기업을 둘러싸고 있는 대내외 환경으로 인해 기업이 기회와 위협을 동시에 받고 있으며 이를 정확하게 진단하여야 기업의 방향과 환경 변화에 효율적으로 적응할 수 있기 때문이다. 특히 외부적인 경영 규제, 기업에 대한 여론뿐만 아니라 내부적 인건비 요소, 노조 등은 기업 경영에 악영향을 미칠 수 있는 요소들이기 때문에 이러한 요소들을 미리 분석하여 전략 방향을 수립하여야 한다. 기업 환경 분석에서 가장 많이 사용하는 기법은 SWOT 분석이다.

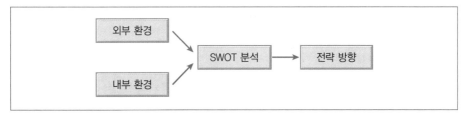

| 그림 2-4 | 기업 환경 분석을 통한 전략 방향 도출 과정

1) 외부 일반 환경

기업의 외부 환경 분석은 기업을 둘러싸고 있는 위협과 기회 요소를 파악하여 향후 기업에 미치는 영향을 분석하고 위협은 최소화하며 기회는 활용하는 방향으로 이뤄진다. 외부 환경은 일반(거시, General) 환경과 과업(Task) 환경으로 구분할 수 있다. 특히 일반 환경은 모든 기업에 공통적으로 영향을 주는 환경으로 기술적(Technological) 환경, 경제적(Economic) 환경, 정치·법률적(Political/Legal) 환경, 사회·문화적(Sociocultural) 환경, 생태·환경적(Ecological) 환경으로 구분할 수 있다. 일반(거시) 환경 분석 기법에는 STEEP(Sociocultural, Technological, Economic, Ecological, Political/Legal)을 분석하는 FAW 기법과 PEST(Political, Economical, Social, Technological) 기법이 있다.

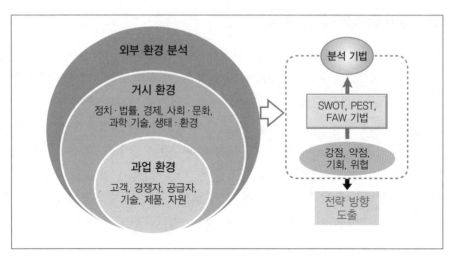

| 그림 2-5 | **기업 외부 환경의 분석 내용 및 기법**

① 기술적 환경

    기업의 일반 외부 환경 중 기술적 환경은 디지털 컨버전스로 인한 가장 혁신적인 변화를 야기하는 요인이자 인터넷과 모바일의 발전과 더불어 기업에게 가장 위협적인 외부 환경으로 향후 해당 산업의 방향을 바꾸거나 발전시킬 주요 기술적 추세 등을 의미한다. 주요 요인은 기술 정보, 생산 방식, 기술 변화, 신제품 개발 등이 있다. 특히 최근 들어 기술적 환경을 제대로 파악하지 못하여 기업들이 파산하는 경우가 종종 있다. 우리나라의 경우 1990년대 말~2000년대 초 벤처 붐이 일면서 많은 기업들이 부푼 희망을 가지고 사업을 시작하였지만 빠르게 변하는 소비자 욕구와 기술 진보를 따라가지 못해 파산하면서 한때 벤처 거품 경제라는 말도 등장하였다. 뿐만 아니라 글로벌 기업도 특정 나라에 진출하면 그 나라에 적합한 기술을 선보여야 하는데도 그 나라의 문화를 제대로 파악하지 못하여 파산하는 경우가 있다. 이러한 IT 기업 중 대표적인 기업이 야후코리아(Yahoo Korea)이다. 노키아나 코닥도 기술 진보를 따라가지 못한 대표적인 기업이다. 코닥의 경우 가장 먼저 디지털 카메라를 개발한 업체이지만 디지털 시대가 왔음에도 불구하고 필름을 고집했기 때문에 결국 패망의 길로 접어들게 되었다. 최근 전 세계적으로 주가가 높아지고 있는 삼성이나 애플도 소비자 요구에 의한 기술적 변화에 적응하지 못하면 언제든지 패망의 길로 접어들 수 있다는 것을 단적으로 보여주는 예라고 할 수 있다. 따라서 전략가에게는 기업의 생산 방식, 공정, 제품이나 서비스에 영향을 주는 기술 혁신과 모방이 불가능한 기술을 개발하는 것이 과제이다.

② 경제적 영향

기업 외부의 경제적 영향은 국가 또는 전 세계의 경기 흐름과 관련된 환경으로 국내 경기 또는 세계 경기 예측에 활용되며 기업이 바꿀 수 없는 영향이다. GDP 성장률, 인플레이션, 통화 및 재정 정책, 에너지 및 원자재 가격 변동, 외환 위기, 경기 침체, 환율과 이자율 변동 등은 기업의 성장과 투자 등 장기 전략에 영향을 미치고 기업의 성과(매출액, 이익률) 등에 가장 직접적으로 영향을 미치는 요소이다. 우리나라의 경우 1997년 말 IMF가 기업에 미친 영향이 대표적이다. 따라서 기업은 적절한 은행 대출, 기업 현금 보유량 등을 조절할 필요가 있다.

③ 정치·법률적 환경

정치·법률적 환경은 향후 해당 산업에 중대한 영향을 미칠 수 있는 법규 및 제도 동향으로 정부의 정책이나 제도가 기업에 미치는 영향을 의미한다. 국가 전략 사업 육성, 법과 규제를 통한 경쟁 구도 유지, 정권 변화, 산업 육성 및 규제 정책, 기존 제도의 변경, 임금과 가격 통제, 취업 기회 보장, 근로의 안전과 위생, 소비자 금융의 실시, 기업 광고 규제 등이 있다. 2015년 금감원이 내세운 한계기업 구조조정 정책도 중소기업에게는 위기 정책이다. 즉, 회생 가능성이 낮은 한계기업(속칭 좀비기업)을 구조조정하여 워크아웃이나 법정 관리 등의 조치를 취한다[12]는 내용이다. 정부의 입장에서는 좀 더 나은 사업 기회를 공정하게 제공하고 경쟁을 완화시키기 위한 정책이지만 기업 입장에서는 전략 선택 시 다양한 요소를 고려하여야 하고 기업 성장에 위협을 증가시키는 요인이기 때문에 전략가는 정치·법률적 정보 확보가 필수적이다.

④ 사회·문화적 환경

사회·문화적 환경은 인구통계학적 변화(인구·연령·소득 분포의 변화 등)와 여성의 사회 진출, 사회 변화 추세, 가치관과 태도의 변화, 구매 패턴의 변화

---

12) 출처: 아시아투데이(2015. 10. 25.). 금감원, 한계기업 구조조정 연내 완료 추진. 기사 참고.

등이 기업에 미치는 영향으로 소비자의 요구와 인구 변화에 기업은 실시간
으로 적응하여야 한다. 특히 고령화로 인한 생산 인력의 감소는 기업에게 큰
위협으로 작용한다. 따라서 노인들이 참여할 수 있는 일자리 창출도 기업이
지속적으로 생존할 수 있는 방법이다. 여성의 사회 진출도 기업에게는 기회
이면서 위기일 수 있다. 여성의 경제력이 성장하면서 소비 결정권이 남성에
서 여성으로 넘어가면서 여성의 구매력이 급성장하고 있다. 따라서 기업에게
는 여성을 위한 제품이나 서비스 개발 전략도 무시할 수 없는 요소이다.

⑤ 생태·환경적 환경

생태 관련 환경은 온난화, 기후 변화, 수질, 산업 폐기물, 공기, 재생 등에
의한 위협이다. 예컨대 최근 지구 온난화로 인해 대부분의 기업들이 이산화
탄소 배출에 신경을 쓰고 있다. 특히 관광기업의 경우 이상 기후로 인한 항
공기의 결항 및 숙박 예약 취소율 증가 등의 위협 요소가 존재하기 때문에
전략가들은 이에 대한 준비를 하여야 한다.

2) 외부 과업 환경

외부 과업 환경은 기업의 경쟁 방식과 수익률을 결정하는 산업 구조 분석 기
법에 따라 분석한다. 과업 환경 분석은 타 기업이나 소비자, 공급자 등에 관한
분석이기 때문에 정보 획득의 한계상 깊이 있는 분석이 힘들다는 단점이 있
다. 주로 경쟁자, 고객, 공급자, 규제 기관에 대한 분석으로 기업의 과업 환경
에 영향을 미치는 '그들은 누구'이며, '무엇을 하는지(사업 구조, 제품, 조직)',
'그들의 강·약점', '자사와 비교한 경쟁력 정도는 어느 정도인지', '미래 동향' 등
에 관해 분석한다. 이러한 과업 환경 분석에는 주로 Porter의 산업 구조 분석
모형을 활용한다. Porter는 5가지 경쟁적인 세력에 의해 산업의 수익률이 결
정된다고 설명한다. 이러한 산업 구조의 분석을 통해 궁극적으로 그 사업부에
서 어떤 전략을 선택하여야 기업의 수익률을 높일 수 있는지, 기업이 그 산업
에서 성공하는 데 필요한 산업 특유의 성공요인(Key Success Factor) 등을
파악할 수 있다. Porter의 산업 구조 분석의 5가지 경쟁력은 기존 기업과의
경쟁, 잠재적 진입자와의 경쟁, 대체재와의 경쟁, 구매자의 교섭력, 공급자의
교섭력으로 구분할 수 있다.[13]

① 기존 기업과의 경쟁

대부분의 산업에서 산업 전체의 수익률을 결정하는 가장 중요한 변수는 이미 그 산업 내에서 경쟁하고 있는 기업들 간의 경쟁 관계이다. 산업 내의 기존 기업들 간의 경쟁 양상과 강도를 결정하는 요소는 다음과 같다.

- **산업의 집중도:** 집중도(Concentration)란 동일 산업에 속하는 기업의 수를 의미한다. 예컨대 그 산업에 참여하고 있는 기업의 수가 적을수록 산업의 전반적인 수익률은 상대적으로 높아지게 되며, 그 산업 분야에 많은 기업들이 경쟁에 참여할수록 산업의 수익률은 낮아지게 된다.
- **제품 차별화:** 산업 내에서 경쟁하는 기업들의 제품이 디자인이나 품질 면에서 동일할수록 소비자들은 특정 회사의 제품을 선호할 이유가 없어진다. 따라서 기업의 수익률을 높이기 위해서는 제품의 차별화가 필요하다.
- **비용 구조:** 동일 산업에서 기업들이 가격 경쟁을 할 수 있는 이유는 비용 구조가 다르기 때문이다. 원재료비, 운송비, 유통비, 임금 등에서 경쟁 기업보다 우위에 있어야 가격 경쟁이 가능하다.

② 잠재적 진입자와의 경쟁

잠재적 진입자는 해당 산업이 유망하거나 이익률이 높을 경우 그 산업에 진입하려고 하는 기업을 말한다. 따라서 기업이 성공하기 위해서는 진입 장벽을 높여 잠재적 진입자의 진입을 막아야 한다.

③ 대체재와의 경쟁

대체재가 많으면 많을수록 기업들이 자신의 제품이나 서비스에 높은 가격을 받을 수 있는 가능성은 줄어든다. 이와 같이 대체재의 존재가 그 산업의 가격 결정에 영향을 미치는 정도는 소비자들이 쉽게 대체재로 옮겨갈 수 있는가 하는 문제와 대체재가 가진 유용성에 따라 달라진다. 따라서 과업 환경 분석에서는 대체재 생산 기업에 관한 분석이 필수적이다.

---

13) 출처: 장세진(2010). 《(글로벌경쟁시대의)경영전략(6판)》. 서울: 박영사; Porter, M. E. (1980). Competitive Strategy: Techniques for Analyzing Industries and Competitors. New York: Free Press.

④ 구매자의 교섭력

구매자의 수가 상대적으로 적다면, 공급자들은 한정된 고객들을 만족시키기 위해 노력을 하여야 한다. 이 경우 구매자의 교섭력이 크다고 할 수 있다. 즉, 구매자가 공급자의 생산을 결정하는 것을 구매자의 교섭력이라고 한다.

⑤ 공급자의 교섭력

공급자의 수가 적거나 조직화된 경우, 소비자들은 선택의 기회가 좁아지고, 이들이 담합하여 서비스나 상품을 제공할 수 있기 때문에, 소비자의 공급자에 대한 의존도가 커지게 된다. 이 경우 공급자의 교섭력이 크다고 할 수 있다. 즉, 공급자의 교섭력은 소비자의 제품 구매가 공급자의 힘에 의해 결정되는 것을 의미한다.

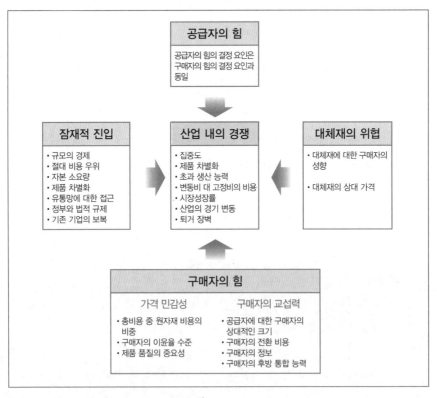

| 그림 2-6 | Porter의 산업 구조 분석 모형[14)

3) 내부 환경 분석(자사 분석)

기업의 내부 환경 분석은 기업의 강점과 약점을 분석하여 기업의 경영자원과 핵심 역량(보유 기술, 기술자 등)을 파악하고, 조직구조, 기업 문화, 리더십 등을 조직이나 기업에 맞게 설정하기 위해 실시한다. 이에 내부 환경 분석에서는 기업의 R&D 활동, 구매 활동, 인사 활동, 재무·회계 활동, 마케팅 활동, 생산 활동 등을 분석하며 주로 SWOT 분석을 통해 강점과 약점을 분석한다.

│표 2-1│ 기업 내부 환경 요소

내부 환경 요소	설명
경영자원	• 유형 자원: 물적 자원, 금융 자산 • 무형 자원: 기술, 명성, 기업 문화, 브랜드 • 인적 자원: 노하우, 의사소통, 동기부여, 종업원 태도
핵심 역량	• 경쟁 기업에 비해 더 잘할 수 있는 독보적인 역량(활동) • 기업의 여러 가지 경영자원 중 경쟁 기업에 비하여 훨씬 우월한 능력으로 경쟁 우위를 가져다 주는 기업의 능력

조직구조	• 기능별 조직: 재무, 마케팅, 인사, 운영, 관리, R&D
	• 사업부제 조직: 여러 사업부에 각각의 기능별 조직을 보유함
	• 전략 구분
	  − 기업부 전략: 5~10년 주기로 최고경영자 그룹에 의해 수립, 기업이 속해야 할 사업 영역 선택에 집중
	  − 사업부 전략: 1~5년 주기로 사업부서장에 의해 수립, 해당 사업에서 어떻게 경쟁할 것인가에 집중
	  − 기능부 전략: 최소 1년 이내의 전략 수립, 각 사업 부서 관리 및 활동 방향 설정

기업 문화	• 방향: 내부 및 외부 경영 환경과 일치하는 기업 문화
	  − 즉, 기업의 전략과 일치하는 기업 문화가 필요함
	• 한국 기업의 변화
	  − 과거: 독과점 경쟁 구조, 자본과 인적 자원 중심 성장, 위계·연공 서열·관료주의적 문화
	  − 현재와 미래: 시장 개방 및 경쟁 심화, 기술과 핵심 역량 중심 성장, 수평적 조직 구조, 성과급제, 혁신적 문화

리더십	• 비전 제시 및 변화의 주역 • 내부 정치적 협상력을 통한 조직 관리 • 기업 윤리의 강조와 윤리 강령 제시를 통한 기업 조직 전체에 대한 명확한 기준 제시

출처: 장세진(2010), Olsen(2008), 참조 후 재구성[15]

---

14) 출처: 장세진(2010). 《(글로벌경쟁시대의)경영전략(6판)》. 서울: 박영사. 본문 참고.
15) 출처: 장세진(2010). 《(글로벌경쟁시대의)경영전략(6판)》. 서울: 박영사; Olsen, M. D. (2008). Strategic Management in the Hospitality Industry. Prentice-Hall.

내부 환경 중 자사의 경쟁력 분석을 통해 전략을 평가하는 기법으로 주로 사용되는 기법은 BCG 매트릭스이다. BCG 매트릭스(BCG Matrix)는 기업부 수준 전략 수립에 주로 활용되는 미국의 보스턴 컨설팅 그룹(BCG)이 개발한 전략 평가 기법이다. BCG는 기업이 사업에 대한 전략을 결정할 때 '시장 점유율'(Market Share)과 '사업의 성장률'(Growth)을 고려한다. BCG 매트릭스는 이 두 가지 요소를 기준으로 기업의 사업을 '스타(Star)사업', '현금젖소(Cash Cow) 사업', '물음표(Question Marks) 사업', '개(Dog) 사업'으로 나눈다.[16]

① 스타(Star) 사업

성장률과 시장 점유율이 높아서 계속 투자를 하게 되는 유망한 사업이다.

② 현금젖소(Cash Cow) 사업

금송아지 사업이라고도 하며 점유율이 높아 판매량이 많아서 이윤이나 현금 흐름은 양호하지만 앞으로 성장하기 어려운 사업이다. 따라서 새로운 투자에 대한 자금 수요가 적다.

③ 물음표(Question Mark) 사업

주로 신규 사업이 이에 속한다. 상대적으로 낮은 시장 점유율과 높은 성장률을 가진 사업으로 기업의 행동에 따라서 차후 스타(star)사업이 되거나, 개(Dog) 사업으로 전락할 수 있는 위치에 있다. 일단 투자하기로 결정한다면 상대적 시장 점유율을 높이기 위해 많은 투자 금액이 필요하기 때문에 위험 요소가 많은 사업이다.

④ 개(Dog) 사업

더 이상 성장하기 어렵고 이윤과 현금 흐름이 좋지 못한 안 좋은 사업이다.

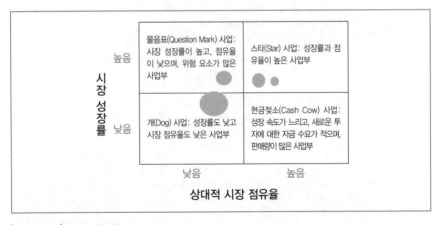

| 그림 2-7 | BCG 매트릭스

4) 기업 내·외부 환경 분석 기법

① 외부 일반(거시) 환경 분석 기법: FAW 기법

FAW(Force At Work)는 경영 및 사업 환경의 변화를 일으키는 거대한 힘(요인)이란 의미이다. FAW 분석은 기업 환경에 영향을 미치는 거시적 외부 영향력과 간접적인 영향 요인을 식별하기 위한 기법으로 FAW 파악 자체에 의미가 있지 않고 외부 영향력에 대한 이해를 통해 대책을 마련하고 이를 실행하기 위해 실시한다. 분석 범위는 정치, 경제, 사회·문화, 기술, 인구통계, 생태·환경, 기타로 구분한다. 먼저 각 FAW 요인을 구분한 후 각 요인에서 현재 어떤 일이 발생하고 있는지 현상을 파악하고 그 현상이 자사에 기회인지 위협인지를 파악하여 전략적 시사점을 도출한다. 양식은 아래 표와 같다.

| 표 2-2 | FAW 기법 양식

Faw 요인 구분		현상, 발견(인지)한 사실	전략적 시사점(현상의 의미)	
			기회	위협
정치	법률 규제 조세 제도 정부, 지자체 동향 소비자 보호 공정 거래 등			
경제	경기 상황 가처분 소득 수준 가격 변동 환율, 금리 등			
사회·문화	추구하는 가치관 사회 여론, 풍속 라이프 스타일 등			
기술	기술 혁신 특허 대체 기술 등			
인구통계	인구 증감과 분포 혼인·출산·사망률 등			
생태·환경	자원, 에너지 환경 보호 운동 등			
기타				

16) 출처: 위키백과(2015). https://ko.wikipedia.org. 검색어: BCG 매트릭스; 최용식(2009). 《경영학원론》. 서울: 창민사.

② 외부 일반(거시) 환경 분석 기법: PEST 기법

PEST 분석은 정치적(Political), 경제적(Economical), 사회적·인구통계적(Social), 기술적(Technological) 환경 분석의 약어로 FAW 분석 중 생태·환경 요인을 제외한 주요 요인만 중점적으로 분석하는 기법이다. 즉, 현재의 상태에서 미래의 목표에 도달하기 위한 과정에서의 기회와 위협 요인을 예견하는 기법이다. [표 2-3]은 방송통신사업에 뛰어드는 회사가 PEST 기법을 통해 분석한 환경 분석 사례이다. 이상의 분석 결과를 토대로 향후에 방송통신 분야 중 어떤 분야에 중점적으로 투자해야 할지에 대한 답을 찾을 수 있다. 사례에서는 기존 수능 방송보다는 가족 중심의 엔터테인먼트 콘텐츠 제작을 통해 유료 방송에 진출한다면 사업의 지속성을 확보할 수 있을 것으로 판단한다.

| 표 2-3 | PEST 기법 사례

주요 요인	항목	현재	미래	자사의 기회	자사의 위협
정치	통신방송융합 정책	통신과 방송의 분리	통신과 방송 영역의 융합	유료 방송 시 장 확대	IPTV 등 경쟁 매체의 등장
경제	가구별 가처분 소득의 변화	중산층의 가처 분 소득 감소	중산층의 가처 분 소득 감소 현상 지속	가족 단위 문 화 생활이 TV 중심으로 변화	유료 방송 시 장의 위축
사회 · 문화	입시 정책의 변화	수능 점수 위주 의 선발 방식	대학별 논술 강화	Edutainment 콘텐츠 수요 증가	Killer 콘텐츠인 수능 방송 수 요 감소
기술	디지털 TV 보 급률	디지털 TV 보 급률 30%	2020년까지 50% 예상	HD 디지털 서 비스에 대한 수요 증가	CATV의 디지털 전환 가속화

③ 기업 내·외부 환경 분석 기법: SWOT 분석

SWOT 분석은 기업의 강점(Strengths), 약점(Weaknesses), 기회(Opportunities), 위협(Threats)에 대한 전체적인 평가를 분석하는 것이다. SWOT은 이 4가지 차원의 영문 앞자리를 조합하여 명명한 것이며 SWOT 분석은 기업의 외부와 내부의 마케팅 환경을 모니터링하는 하나의 방법으로 활용된다.[17]

SWOT 분석을 위해서는 시나리오가 아닌 확실한 기회, 위협, 강점, 약점을 분석 툴에 기입하여야 한다. 기회와 위협은 외부 환경이 우리에게 주는 것이 무엇인지를 파악하는 것이고 강점과 약점은 기회와 위협 요소를 극복하기 위한 자사의 역량이 무엇인지를 파악하는 것이다. 대부분 SWOT 분석에서 내부 환경과 외부 환경을 혼동하여 기회 요소와 위협 요소에 강점과 약점을 기입하여 분석하지만 기회와 위협 요소는 내부 통제가 불가능한 기업 외부로부터 오는 환경 요소임을 유의하여야 한다.

또한 다음과 같은 가정을 주의하여야 한다. '만약에 ~하면'이라는 가정하에 환경 분석을 실시할 경우 문제를 제대로 파악하지 못하여 실패할 수 있다. 예를 들어 경쟁사가 특정 사업 부문을 포기하면, A제품을 더 많이 팔 수 있다는 가정을 해 보자. 이는 곧 자사의 기회이지만 경쟁사가 사업을 계속 유지한다면 어떻게 될 것인지에 대해서는 예측을 할 수 없다. 따라서 가정적 환경 분석은 가능한 피하는 것이 좋다. 마지막으로 강점과 약점 도출의 오류를 생각해 볼 수 있다. 예를 들어 경쟁 우위가 아닌 것, 즉 우리와 경쟁사가 모두 잘하는 것은 강점이 아니다. 또한 경쟁 열위가 아닌 것(누구나 못하는 것)은 약점이 아니기 때문에 강점과 약점 분석 시 이 부분을 잘 고려하여야 한다.[18]

[그림 2-8]은 SNS 사업의 환경 분석을 통해 자사가 어느 위치에 있는지를 파악하여 전략을 선택할 수 있는 툴이다. SWOT 분석을 통해서 기업은 일반적으로 4가지 전략을 세울 수가 있다. 첫째, 기회와 강점 분석을 통해 집중화 전략(Focus)을 세울 수 있고 둘째, 강점과 위협 요소 분석으로 기업이 글로벌 전략(Globalization)이 필요함을 알 수 있다. 기회이지만 회사가 취약한 부분이 발견되면 전략적 제휴나 동맹(Alliance)을 통해 우선권을 확보할 필요가 있다. 마지막으로 사업 분야 외부 환경이 위협요소에 노출되어 있고 자사의 역량도 약점으로 분석된다면 비주력 사업을 철수하거나 매각 절차를 거쳐 새롭게 혁신(Restructuring)하는 과정을 거칠 필요가 있다. 이처럼 SWOT 분석은 앞으로 기업이 나아갈 전략과 방향을 설정하는 수단으로 시장이 변할 때마다 환경 분석을 실시해서 기업이 나아갈 방향을 지속적으로 모니터링할 필요가 있다.

---

17) 출처: Kotler, P.&Armstrong, G. (2001). Principles of Marketing(9th ed.). Prentice-Hall, Inc.
18) 출처: 허진·이영진(2013). 《관광마케팅》. 서울: 한국방송통신대학교출판부. 본문 참고.

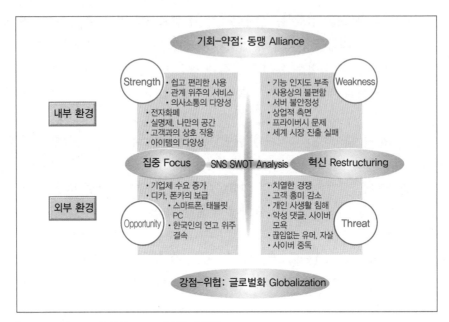

| 그림 2-8 | SNS 산업의 SWOT 분석 사례[19)]

사례연구

색바랜 'Kodak Moment'가 주는 교훈: 필름과 카메라의 대명사 코닥의 몰락

코닥은 1879년 필름 사업을 시작하여 1980년까지 세계 최대의 필름 및 카메라 생산 회사로 성장하였다. 하지만 1980년대에 사업 다각화(제약, 의료기기)에 실패하면서 1990년대에는 매출 및 이익이 급감하였고 2000년대 디지털 카메라 사업에도 계속 실패하면서 결국 2012년 1월에 파산 신청을 하였다. 코닥은 왜 실패하였을까? 몇 가지 이유가 있지만 그 중 대표적인 이유를 소개한다.

첫째, 100년 동안의 1등 기업의 지위가 오히려 독이었다는 인식이다. 2008년 매슈 S. 올슨과 데릭 반 베버는 대기업 매출 성장에 터닝 포인트가 되거나 상당한 매출 둔화 현상이 일어나는 특정 시점을 의미하는 'Stall Point'라는 개념을 소개하며 코닥의 사례를 한 예로 들었다. 그들은 많은 기업들이 실패하는 이유 중 '시장 선두 주자 자리에 대한 과신'이 23%로 가장 높은 비중을 차지한다고 언급하며 코닥도 선두 기업의 위치에서 경쟁 기업들의 공격적인 시장 진입에 별다른 대응을 하지 않았기 때문에 경쟁사로부터의 위협을 받았다고 설명하였다. 당시 선두 기업이던 코닥은 이러한 상황을 위협으로 느끼지 않고 별다른 대응 없이 기존의 제품 판매 정책을 고수함으로써 후발 기업인 후지에게 선두 자리를 내주게 되었다.

둘째, 보유 역량 강화보다 외부 역량 흡수에 치중하였다. 필름 및 필름 카메라 영역에서 독점적인 지위를 누린 코닥은 1980년 이후 합작투자, M&A 등을 통해 적극적으로 사업 영역을 확대하였다. 새로운 환경에 적응하기 위해 코닥은 여러 조직을 인수하고 매각하면서 역량을 확보하려고 하였다. 그러나 기존 사업 영역의 한계를 벗어나기 위한 내부 역량 강화 없이 외부 역량을 조합하여 변화된 환경에 대응하려 했던 코닥의 전략은 막대한 비용만을 발생시켰을 뿐이었다.

셋째, 디지털 환경의 변화에 대처하지 못하였다. 코닥이 디지털 환경을 위협으로 인식하고 동시에 기존 사업을 좀 더 유지하고 이끌고 가려고 했다면, 후지는 과감하게 기존 사업을 포기하고 위협에 대처하는 방법을 선택하였다. 후지는 재빠르게 사업 구조를 변화시켜 나갔다. 그동안 회사의 주력 부문

19) 출처: 허진·이영진(2013). 《관광마케팅》. 서울: 한국방송통신대학교출판부. 본문 참고.

이었던 필름 부문을 중심으로 대규모 구조조정을 단행하고, 평판 디스플레이, 화장품, 제약 등으로 사업 확장을 시도하였다. 2012년 후지의 매출에서 사진필름 사업이 차지하는 비중은 1% 수준에 불과하다. 기존 사업에 위협이 된다고 생각했던 디지털 환경의 변화가 후지에게는 사업 다각화를 통해 성장할 수 있는 기회가 되었지만 코닥은 기존 필름을 고수하는 우를 범하였다.

넷째, 단기성과에 집착하였다. 흔히 주주 기반의 미국 기업은 단기적인 성과에 의해 경영진이 평가를 받기 때문에, 장기적인 관점에서 전략을 구사하는 것이 어렵다고 말한다. 단기적인 성과를 포기하지 못한 코닥의 CEO들은 디지털화에 적응하기 위한 노력을 하면서 한편으로 기존 사업을 계속해 나갔다. 이렇듯 단기성과에 집중하여 디지털 환경에 제대로 적응하지 못한 결과 필름 시대가 저물고 디지털 시대가 전개되면서 코닥은 쇠퇴의 길을 걷게 되었다.

이처럼 코닥은 시장 변화에 대응하기 위해 매우 광범위한 다각화를 시도하였으며, M&A를 통해 외부 역량을 흡수하는 전략을 구사했지만 내부의 핵심 역량과의 연계 없이 외부 역량을 단순 조합하려는 데에 그쳤고 막대한 자금 투자는 결국 실패로 돌아가게 되었다.

출처: 이지홍(2012. 02. 13.)[20]

교육적 시사점

- 기업이 성공적으로 성과를 창출하는 '성공 공식(Success Formula)'을 반복적으로 사용하다 보면 다른 대안적 역량이나 가능성들로부터 자신도 모르는 사이에 점차 멀어지게 된다. 새로운 환경에서는 과거에 없던 새로운 상품이나 기술, 비즈니스 모델을 만들어 내는 창조적인 혁신 역량이 필요한데 코닥은 과거의 기술과 비즈니스 모델에 집착한 나머지 혁신하려고 하지 않아 실패의 길로 접어들었다.
- 따라서 기업은 국제적 정세가 급변할수록 신속하게 내·외부 환경 분석을 토대로 전략과 목표를 수정하여야 하고 전략 수정이 불가능하다면 과감하게 새로운 전략을 수립하고 기업의 방향을 전환하여야 한다.

탐구활동

1. 우수한 기업의 경영 전략과 전술 사례를 조사한 후 이를 기술해 보자.

구분	기업명	내용
전략		
전술		

2. 우리 회사의 비전과 중장기 목표를 정리한 후 이를 기술해 보자.

구분	내용
전략	
전술	

3. 아래 예시를 참고하여 자신만의 전략과 목표를 수립해 보자.

[예시]
1. 목적: 장학금으로 방학 때 부모님 여행 보내드리기
2. 전략: 학점 잘 주는 과목 선택하기
3. 목표: 모든 과목 학점 4.5 받기
4. 계획: 선배들에게 정보 얻기, 수업시간에 교수님에게 음료수 드리기, 공부 잘하는 친구 섭외하기, 가장 앞자리 앉기 등

구분	내용
목적	
전략	
목표	
계획	

---

20) 출처: 이지홍(2012. 02. 13.). 색바랜 'Kodak Moment'가 주는 교훈. LG경제연구원. pp. 25~29.

4. 우리 조직에 영향을 미치는 외부 일반 환경(거시 환경)을 분석한 후 이를 기술해보자.

외부 일반 환경	환경 분석 내용
기술적 환경	
경제적 환경	
정치·법률적 환경	
사회·문화적 환경	
생태·환경적 환경	

5. 경영 환경에 영향을 미칠 수 있는 이해관계자에 대해 분석해 보자.

이해관계자	영향 (상, 중, 하)	현재 지원 정도 (상, 중, 하)	향후 지원 정도 (상, 중, 하)	이해관계자가 얻는 것	지원을 유도하기 위한 방안

6. 우리 조직에 대한 SWOT 분석을 해보자.

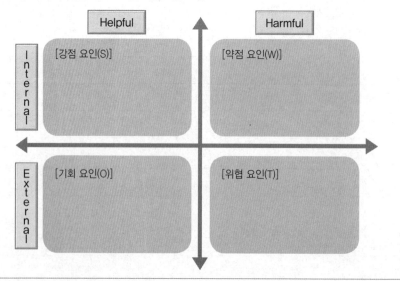

정답 및 해설 p.212

학습평가

1 다음에 제시된 각 용어의 개념을 간단히 작성하시오.

① 경영:

② 경영전략:

③ 비전:

④ 외부 일반 환경 분석:

⑤ 외부 과업 환경 분석:

⑥ 기업 내부 환경 분석:

※ 다음 문장의 내용이 맞으면 ○, 틀리면 ×에 ✓표시를 하시오. (2~3)

2 전략은 장기적이고 근본적인 계획으로 미래에 대한 밑그림이자 전술이 지향하여야 하는 방향을 알려주는 나침반 역할을 한다. (○, ×)

3 전술은 고객과의 상담, 기안 올리기, 시스템 설계, 광고 제작 등 전략 목표에 도달하기 위해서 행하는 일상적인 활동이다. (○, ×)

4 다음 중 전략에 해당하는 것을 고르시오.

① 시장의 지배력 확보

② 강사와의 대화

③ CNN 듣기

④ 영어사전 사기

5 비전의 예로 적절하지 않은 것을 고르시오.

① 조직에서 핵심 인재로 인정받는 자신의 모습

② 다른 회사로부터 많은 스카우트 제안을 받는 자신의 모습

③ 글로벌 모바일 1위 기업

④ 매일 아침 메일 확인하기

6 효과적인 비전 수립을 위해 고려하여야 할 다음 사항에 대한 구체적인 내용을 기술하시오.

① 방향성:

② 차별성:

③ 가치:

7 경영전략의 개념에 대한 설명으로 적절하지 않은 것을 고르시오.

① 어떻게 하면 경쟁자에 비해서 경쟁 우위를 가질 것인가 하는 문제를 다룬다.

② 기업의 목표를 수립하는 데 필요한 구체적인 행동 계획이다.

③ 기업 내의 본질적이고 기본적인 목표를 성취하기 위한 총체적인 활동 계획이다.

④ 기업이 경쟁 우위를 확보하며 명료하고 구체적인 경쟁 방식을 선택하는 의사결정이다.

※ 다음 문장의 내용이 맞으면 ○, 틀리면 ×에 ✓표시를 하시오. (8~12)

8 경영전략의 수준은 기업부 수준, 사업부 수준, 기능부 수준으로 구분할 수 있다. (○, ×)

9 성장 전략은 기업이 장기적인 경쟁에서 생존하기 위해 현재 진행하고 있는 사업이나 영업 활동을 키우는 전략으로 M&A 전략(인수, 합병, 흡수)과 다운사이징, 영업 양도 전략이 있다. (○, ×)

10 기업의 외부 환경 중 경제적 영향 요소는 GDP 성장률, 인플레이션, 통화 및 재정 정책, 에너지 및 원자재 가격 변동, 외환 위기, 경기 침체 등이 있다. (○, ×)

11 내부 환경 분석을 위한 BCG 매트릭스는 상대적 시장 점유율과 시장 성장률을
    축으로 스타 사업, 현금젖소 사업, 개 사업의 3가지 유형으로 나뉜다. (ㅇ, ×)

12 SWOT 분석에서 기회는 우리 회사가 가진 자본을 의미한다. (ㅇ, ×)

13 경영전략의 수립 과정에 대한 내용으로 적절하지 않은 것을 고르시오.

    ① 1단계: 기업의 미션(Mission) 및 목표(Goals) 설정
    ② 2단계: 기업의 전략 및 성과 평가
    ③ 3단계: 전략의 수립 또는 선택
    ④ 4단계: 전략의 실행

14 다음에서 설명하는 외부 과업 환경을 고르시오.

    ┌───┐
    │ 구매자의 수가 상대적으로 적다면, 공급자들은 고객이 한정되어 있기 때문 │
    │ 에 이들을 만족시키기 위해 노력을 하여야 한다.   │
    └───┘

    ① 잠재적 진입자와의 경쟁
    ② 대체재와의 경쟁
    ③ 구매자의 교섭력
    ④ 공급자의 교섭력

15 기업 내부 환경 요소에 해당하지 않는 것을 고르시오.

    ① 대체재의 위협
    ② 경영자원
    ③ 핵심 역량
    ④ 기업 문화

비전과 목표, 전략, 전술의 구분

일반적인 기업이라면 회사의 궁극적인 비전이 있고, 비전을 달성하기 위한 연간 목표가 있다. 또한 목표를 달성하기 위한 전략이 있고, 그 전략을 수행하기 위한 전술을 수립한다. 이 중에서 가장 먼저 세워야 하는 것은 비전이다. 비전이라는 것은 그 조직이 궁극적으로 도달하여야 하는 최종 목표를 의미한다. 비전은 달성 가능하다는 점에서 꿈과는 다르다.

비전을 세웠으면 목표를 세워야 한다. 비전과 달리 목표는 일정한 기간 안에 달성하여야 할 성과를 의미한다. 예를 들어 연매출 10억인 중소기업이 '5년 안에 연매출 100억의 중견 기업으로 도약'이라는 비전을 세웠다면, '2016년 말까지 1차적으로 매출 20억 달성'이라는 목표를 세울 수 있다.

목표를 세운 후에는 전략을 수립하여야 한다. 연매출이 10억인 회사가 1년 안에 20억 매출을 달성하는 것은 쉬운 일이 아니다. 따라서 목표 달성이 가능하도록 '기존 기술을 토대로 한 블루 오션 발굴', '중저가 시장의 점유율 확대', '고가 제품의 틈새 시장 공략' 등의 전략을 수립하여야 한다.

마지막으로 전술을 수립한다. 전술은 전략을 달성하기 위한 세부 방안이나 실천 계획이다. 예를 들어, '중저가 시장의 점유율 확대'라는 전략을 달성하기 위해 '부품 단순화를 통한 원가 절감으로 저가 시장 공략', '노인 대상의 단순 기능의 저가 제품 개발 및 판매', '인건비가 저렴한 필리핀 외주 생산 체계의 확립' 같은 전술이 필요할 것이다.

제2절 리더십과 팔로어십

▌1 ▐ 리더십 개념 및 유형

1) 경영자

① 경영자의 개념

리더십의 개념을 정의하기 전에 리더가 누구인지, 경영자가 누구인지에 대한 개념 정의가 필요하다. 경영자는 기업의 이윤과 조직의 효율적 운영을 위해서 조직의 모든 경영 및 운영에 관한 계획과 투자 및 신규 사업에 대한 의사결정을 총괄하는 기업의 관리 주체이자 조직의 자본, 자원, 인력, 하드웨어, 금융 자원 등을 적절하게 배분하고 지휘 및 통제하는 사람이다. 한 나라의 경제 성장과 발전은 기업의 성과에 의존하지만 기업의 성장과 발전은 경영자의 능력에 따라 달라진다고 해도 과언이 아니다. 이처럼 경영자의 올바른 리더십과 행동은 기업의 존폐를 결정할 만큼 중요한 요인이다. 예를 들어, 주주들이나 중간급 관리자가 특정 사업에 투자를 해야 한다고 요청할 때 경영자가 회사의 사정을 고려하지 않고 무조건 투자할 경우 사내 유보금, 대출 정도 등에 따라 회사가 힘든 지경에 이를 수도 있다.

② 경영자의 역할

경영자의 역할은 조직이나 기업의 성공을 좌우할 만큼 기업 운영에 중요한 역량이다. 경영자는 주로 대인관계 역할, 정보 전달 역할, 의사결정 역할을 한다. 대인관계자로서 경영자는 조직의 대표자로 상징성을 갖고 종사원에게 동기부여나 비전을 제시하는 리더의 역할을 한다. 정보 전달자로서 경영자는 다양한 정보 중 기업에 유리한 정보를 선별하는 검색자로서의 역할, 중요한 정보를 전 직원에게 전달하는 보급자로서의 역할, 기업 홍보·문제해결·제품 개발 시 대변자로서의 역할을 수행한다. 의사결정자로서 경영자는 경영자의 핵심 역할인 기업가로서의 역할을 하여야 한다. 즉, 사업 계획이나 자원 투자 등에 대한 결정을 한다. 또한 환경 변화나 외부 환경의 영향 발생 시 조직 통제, 효율적 예산 배분 및 문제해결자로서의 역할도 수행하여야 한다. 마지막으로 개인이나 집단과의 교섭, 협상 시 협상자로서의 역할도 중요하다.

2) 리더십

① 리더십의 개념

리더십은 경영자가 조직의 목표를 달성하기 위해서 조직 구성원에 대해 직접적·간접적으로 영향력을 행사하는 과정에서 발휘되는 경영자의 기업 운영 방식 또는 개인적 특성이다. 지도자로서의 자질이나 통제 능력, 의사결정 능력 등이 리더십에 포함된다. 리더십은 개인 한 명만 있을 때는 성립되지 않고 리더를 따르는 조직 구성원이 존재하여야 성립 가능하다. 이에 따라 리더는 조직 구성원보다 많은 권력을 소유하게 되며 권력을 가진 만큼 조직원을 어떻게 이끌어 갈 수 있을지를 항상 고민해야 하고 책임감 있는 행동을 수행할 의무가 있는 사람이라고 할 수 있다.

고전적 리더십에서는 조직 구성원들을 부하로서 전제하였다. 이러한 관점에서 Bass(1985)[21]는 리더십을 부하에게 영향을 미치는 과정으로 전제하며 리더는 부하 조직원이 신뢰와 존경, 충성심을 느끼도록 행동하여야 하고 조직원들이 기대한 것 이상의 업무 성과를 창출할 수 있도록 지속적으로 동기를 부여시킬 수 있는 사람으로 개념화하였다. 현대에 와서는 구성원들을 부하의 개념이 아닌 친구나 동료로 간주하고 강요와 억압보다는 평등하고 동등한 인격체로 존중하며 구성원의 자아실현을 보장하는 등 경영자와 상호작용하는 동반자로 인식하는 기업들이 늘고 있다.

② 리더십의 유형

리더십의 유형은 유사한 리더십이라도 학자들마다 서로 다르게 명명하고 분류 방식 또한 다양하다. 최근에는 특정 인물의 이름을 이용한 리더십(세종대왕 리더십, 이순신 리더십, 노무현 리더십, 유재석 리더십 등) 유형도 등장하고 있다. 가장 단순하게 리더십을 구분하면 전통적인 제왕적(독재형) 리더십과 민주형 리더십으로 구분할 수 있다. 제왕적 리더십의 소유자는 추종자나 조직원의 의견을 무시하고 조직 목표 및 운영 방침도 독단으로 결정하며 조직 기능을 거의 독점하다시피 한다. 대표적으로 사회주의나 공산주의 국가에서 나타난다. 반면 민주형 리더십은 조직 구성원의 협의를 거쳐 대부분의 행동을 결정하고 객관적인 자료에 의해서 상벌을 평가하며 조직 구성원의 동기부여를 주 목적으로 한다.

또한 경영스타일에 따라 4가지 리더십으로 구분할 수 있는데 거래적 리더십, 변혁적 리더십, 관계지향형 리더십, 과업지향형 리더십으로 구분할 수 있다. 거래적 리더십의 경영자는 공식적 권위를 사용하며, 조직 구성원에게 노력한 만큼의 대가를 임금이나 조직 내에서의 지위의 형태로 지불한다. 변혁적 리더십을 갖고 있는 경영자는 구성원에게 비전과 꿈을 제시하고 조직의 미래에 대해 확신을 줌으로써, 구성원들이 기업의 높은 목표 달성을 위해 자신의 평소 능력 이상을 발휘하도록 유도한다.[22] 관계지향형 리더십은 포용적 리더십과 유사한 유형으로 조직 구성원 간의 친밀성과 협동심 등 인간적인 네트워크에 기반을 둔 리더십이다. 마지막으로 과업지향형 리더십은 구성원의 복지보다 생산성을 더욱 중요시하며 업무 능률 향상만을 위해 조직을 관리하는 리더십이다.

한편 Quinn&Rohrbaugh(1983)는 효과성 개념을 이용하여 인간관계형, 개방체계형, 합리목적형, 내부과정형의 네 가지 리더십 유형을 제시하였다.[23]

- 인간관계형(Human Relation Model, 동기부여형 리더십): 인간관계형은 조직 구성원과의 관계에 초점을 맞춘다. 주로 단결, 도덕성, 협동 등의 가치를 추구하고 인적 자원 개발에 중점을 둔 리더십 형태이다.
- 개방체계형(Open System Model, 비전제시형 리더십): 개방체계형은 경직된 조직보다는 유연성이 필요한 조직에 적합한 리더십이다. 주로 외부의 지원과 자원 획득, 성장 및 준비성에 있어 외부의 도움을 가능한 수용하여 조직 운영에 반영하는 리더십이다.
- 합리목적형(Rational Goal Model, 목표달성형 리더십): 통제와 외부에 초점을 두고 있는 리더십이다. 조직 성과에 대한 측정 지표로 계획, 목표 달성, 생산성, 효율성 등을 활용하며 효과에 중점을 두는 리더십이다.
- 내부과정형(Internal Process Model, 분석형 리더십): 내부과정형은 조직 통제와 관리에 초점을 두고 있으며 외부 환경의 변화에 적극적으로 대응하기보다는 조직 내부의 통합과 안정을 위하여 조직의 현상 유지에 더 많은 노력을 기울이는 리더십이다.

---

21) 출처: Bass, B. M.(1985). 《Leadership and performance beyond expectations》. New York: Free Press.

22) 출처: 김언수·김봉선(2014). 《TOP를 위한 전략경영: 에센스》. pp. 247. 경기: 피앤씨미디어. 본문 참고.

23) 출처: 최승일·김동일(2014). 글로벌기업의 리더십유형이 경영성과에 미치는 영향. Journal of Digital Convergence. 12(10), pp. 191~199에서 재인용; Quinn, R. E.&Rohrbaugh, J.(1983). A Spatial Model of Effectiveness Criteria: Towards a Competing Values Approach to Organizational Analysis. Management Science. 29. pp. 363~377.

하지만 업무 생산성이나 조직 효율성을 높이는 리더십만 있는 것이 아니다. 리더의 잘못된 행동과 판단은 종종 조직원이나 유능한 인재를 망치기도 한다. 몇 가지를 소개하면 첫째, '독선적 권위형 리더십'이다. 독선적 리더는 자신의 뜻대로 일이 안 풀리면 부하들에게 화를 내거나 부하직원을 자주 억압한다. 이 경우 부하직원들은 자신의 잘못이나 잘못된 정보를 상관에게 보고하지 않게 되고 결국 리더와 직원 간의 정보 왜곡 현상이 발생하여 조직에 악영향을 미칠 수 있다. 두 번째, '무임승차형 리더십'은 부하직원을 교묘히 이용하여 부하직원의 공을 가로채는 행동을 자주 한다. 또한 솔선수범하지 않고 행동보다 말만 앞서며 직원들의 희생과 노력 덕에 직장 생활을 하는 특성을 보인다. 세 번째로는 '해바라기형 리더십'이다. 이 유형은 모든 일을 정치적 관점에서 해결하려고 하고 강자에게 절대 복종하고 부하 위에 군림하려는 전통적인 제왕적 리더십의 한 형태이다. '자유방임형 리더십'은 직원들에 대한 건설적인 질책이나 피드백이 미흡하고 복잡한 인간관계로 인하여 냉정하지 못하며 일의 완결성을 높이기 위한 노력이 부족한 특성을 보인다. 마지막으로 '이지메형 리더십'을 가진 리더는 자신의 눈 밖에 난 부하를 홀대하고 왕따시키는 관리자로 심한 경우 눈 밖에 난 부하를 쫓아내기 위해 자신의 최측근 직원에게까지 피해를 입힌다.

③ 최근 대두되는 리더십

최근에는 조직 구성원의 업무 역량을 최대한 끌어올리기 위해 융합 사고와 창조 리더십 등 다양한 리더십 연구가 진행되고 있다. 그중에 '동물의 리더십'은 자연으로부터 리더십을 배워야 한다는 몇몇 학자들의 주장에 의해 제안된 것으로 강자에게 강하고 약자에게 약한 리더십이다.

또한 리더뿐만 아니라 조직 구성원의 책임과 의무를 강조하고 리더십과 병행하는 파트너십인 '팔로어십'도 최근 기업들이 추구하는 이상적인 리더십이다. 혹자는 리더십의 반대 개념으로서 팔로어십을 이야기하지만 팔로어십은 리더십과 파트너십을 형성할 때만이 그 빛을 발할 수 있다. 팔로워십은 경영자인 리더가 계획하고 목표로 하는 기업의 방향에 부합하는 행동과 의견을 제시하며 리더가 성공할 수 있도록 지원하는 과정에서 발현되는 조직 구성원의 능력으로 개념화할 수 있다. 팔로워십과 리더십은 상호 보완관계로 상사와 부하는 하나의 기업에서 운명 공동체로서 역할을 하여야 조직이 제대로 운영

될 수 있다. 리더를 보좌할 뿐만 아니라 의견을 주체적으로 제시하고 리더의 행동이나 방향에 대해 비판하면서 공생하는 관계의 리더십이 팔로어십이다.

마지막으로 '서번트(Servant) 리더십'이다. 서번트 리더십은 종교 분야에서 주로 사용되는 리더십으로 남을 섬기는 리더가 진정한 리더라는 개념에서 출발하였다. 상대를 높이기 위해서는 먼저 자신이 남을 높여야 남도 자신을 높여 준다는 의미로 예컨대 시소나 널뛰기를 생각해 보면 된다. 즉, 내가 먼저 상대를 높이 올리고 나면 그 다음에는 상대가 나를 높이 올려주는 원리이다. 서번트 리더십은 이처럼 조직 구성원을 위해 봉사하고 고객과 구성원들의 요구를 만족시키기 위해서 헌신을 하는 리더십이다. 즉, 서번트 리더십은 인간 존중을 바탕으로, 구성원들이 잠재력을 발휘할 수 있도록 앞에서 이끌어주는 리더십이라 할 수 있다. 이처럼 리더십은 시대의 상황과 정세에 따라 조금씩 변하고 있고 각 조직에 따라 적절한 리더십을 선택하여야 한다. 신생기업인지 장수기업인지에 따라 자기 조직에 맞는 리더십을 선택하여야 성공적으로 조직을 이끌 수 있을 것이다.

④ 리더십 결정 이론

리더십 결정 이론은 어떤 특성을 가진 사람이 리더가 되어야 하는지, 어떤 요인이 리더를 결정하고 성공적으로 조직을 이끌 수 있는지, 어떤 조직에 어떤 리더십이 필요한지를 결정하는 이론이다. 본 절에서는 매니지리얼 그리드 (Managerial Grid) 이론과 상황이론에 대해 살펴본다.

- 매니지리얼 그리드 이론: 매니지리얼 그리드 이론은 Blake, R. R& Mouton, J. S가 1950년에 고안한 리더 유형 이론으로 리더의 생산 및 인간에 대한 관심을 X와 Y축으로 하여 리더십을 5개의 유형으로 구분한 이론이다. 이 이론은 매니지리얼 그리드의 X축에 과업에 대한 관심(Concern for Tasks and Results)을, Y축에 인간에 대한 관심 (Concern for People)을 위치시킨 후 리더십을 무관심형(무기력형), 친목형(컨트리클럽형), 과업중심형, 중간형, 팀형의 5개 유형으로 구분한다. 이 중 리더와 구성원 간에 신뢰와 지원으로 협동적인 작업 관계가 유지되는 팀형이 가장 이상적인 리더십이다.[24]

---

24) 출처: Rainey, H. G. (2003). Understanding and Managing Public Organizations(3th ed.). Jossey-Bass.

무관심형은 리더 자신의 직분을 유지하는 데 필요한 최소한의 노력만
을 투입하고 구성원에 대한 관심과 생산에 대한 관심이 극히 낮은 리더
이다. 친목형은 생산에는 관심이 없지만 구성원 간에 친밀한 분위기를
조성하여 동기를 부여하는 리더이다. 과업중심형은 인간적인 요소보다
는 생산량 달성을 주 목적으로 하고 모든 업무 평가를 성과를 통해 실
시하는 리더십이다. 중간형은 생산과 인간관계의 유지에 중간 정도의
관심을 기울이는 리더이다. 마지막으로 팀형은 구성원의 자아실현 욕
구를 만족시켜 주고 신뢰와 친밀한 분위기를 통해 직원들의 동기를 부
여하고 생산성을 높이기 위해 노력하는 가장 이상적인 리더 유형이다.

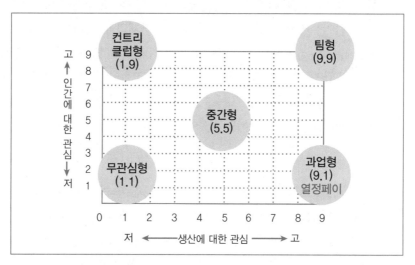

| 그림 2-9 | 리더십 매니지리얼 그리드 이론

• **상황이론:** 지금까지의 리더십 이론은 리더 개인의 특성과 행동을 중심
으로 리더십 유형이 결정되었다. 즉, 보편타당한 리더십이 아닌 개별적
리더십이었다. 이에 Hersey&Blanchard는 어떤 상황이든, 리더가 누
구든지 간에 모든 상황에서 보편적으로 적용되는 리더십을 설명하기
위해 상황이론적 접근을 시도하였다. 이 이론은 리더의 행위를 과업행
위(지시)와 관계행위(지원)로 분류 후 상황 요인으로 구성원의 성숙도
(Maturity)를 추가하여 리더의 행위를 분류하였다. 효과적인 리더십은
여러 상황에서 구성원들이 잘 적응할 수 있도록 유도하는 리더십이기
때문에 각 상황에 맞게 리더십을 선택하여야 한다는 주장이다.[25] 업무
에 대한 구성원의 성숙도가 높은 경우 리더는 구성원에게 업무를 위임

하고 구성원과 깊이 있는 인간관계를 하지 않아도 생산성이 향상될 수 있기 때문에 위양적 리더십을 발휘하면 된다. 반면 업무 성숙도가 낮은 경우 거래적 리더십 즉, 지시적 리더십을 발휘하여야 생산성이 향상될 수 있다. 업무 성숙도가 중간일 경우 구성원과의 관계를 돈독히 하고 구성원의 참여를 유도하거나 설득하는 리더십을 발휘하여야 조직을 효율적으로 관리할 수 있다.

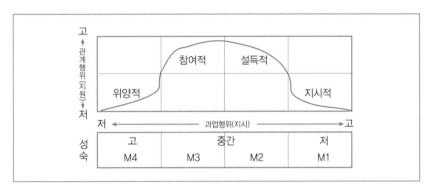

| 그림 2-10 | 리더십 상황이론

3) 팔로어십

① 팔로어십의 개념과 조직성과와의 관계

탁월한 리더를 만들기 위해서는 조직 구성원의 역할도 중요하다. 이러한 추세에 힘입어 조직의 수직적인 위계 질서가 수평화되는 추세이다. 《따라야 따른다(2011)》라는 책에서는 수십 명의 리더와 뛰어난 성과를 거둔 팔로어들을 심층 인터뷰하며 현장의 다양한 팔로어십 사례를 토대로 조직의 성과에 지대한 영향을 미치는 팔로어의 역할을 제시하고 리더십의 위기를 극복할 대안이 팔로어십이라는 주장[26]이 소개되었다. 이에 다시 한 번 공감하면서 리더의 역할과 리더십의 영역에 대해 재인식하고 팔로어들이 자연스럽게 믿고 따를 수 있는 리더가 필요함을 새삼 느낀다.

팔로어십은 리더를 움직이는 보이지 않는 힘으로 불릴 만큼 최근 이슈가 되고 있는 용어이다. 기존에는 팔로어십이 리더십과 비교되는 개념으로 사용

25) 출처: Hersey, P.&Blanchard, K. H.,&Johnson, D. E. (1998). Management of Organizational Behavior(7th ed.). Upper Saddle River, NJ: Prentice Hall.
26) 출처: 신인철(2011). 《따라야 따른다》. 서울: 한스미디어. 본문 참고.

되어 왔지만 최근에는 팔로어의 효과적인 행동이 조직의 생산성에 영향을 미치고 조직의 경제적 생존 능력과 성공에 기여하는 능력[27]이라고 보는 견해가 우세하다. 이러한 견해는 Kelley[28]가 주장하였듯이 팔로어십이 조직의 목표를 달성하는 데 기여하는 효과적인 자질이나 능력이고 리더십의 하위 요인이 아닌 독립 요인으로 조직의 성공에 기여한다는 의견과 상통한다. 이처럼 팔로어들은 급변하는 세계에서 점점 더 중요한 기업의 성공 요인으로 자리매김하고 있다.

팔로어십에 대한 관심만큼이나 팔로어십은 조직성과에 미치는 영향도 크다. 팔로어십은 리더십과 상호작용하면서 생산성을 향상시킬 수 있는 중요한 조직운영 요소이다. 팔로어십의 조직성과에 대해 Kelley는 리더가 조직의 성공에 미치는 영향은 10~20% 수준이고 나머지는 팔로어들에 의해 성공이 좌우된다고 할 만큼 팔로어십의 중요성을 강조하였다.

② 팔로어십의 유형

Kelley는 팔로어십의 유형을 최초로 개념화하였는데 조직 참여도(능동적 참여와 수동적 참여)와 사고방식(독립적·비판적 사고와 의무적·무비판적 사고)을 축으로 하여 5개의 팔로어 유형을 제시하였다.[29]

- **소외형 팔로어**: 냉정하지만 개성이 강한 사람으로 조직에 대해 독립적이고 비판적인 의견을 제시하지만 역할 수행에 있어서는 매우 소극적인 유형이다. 자신은 노력하지 않으면서 리더의 노력과 행동을 비판하고 조직에 대해 혼자서 불평하는 경우가 많다. 전체 팔로어의 약 15~20%를 차지하는 소외형 팔로어는 리더와의 갈등 등으로 인해 소외형이 되었을 가능성이 높다.
- **수동형(의존형) 팔로어**: 조직활동에 적극적으로 참여도 하지 않고 업무활동에 비판적이지도 않으면서 리더에게 의존하는 유형의 팔로어이다. 수동형 팔로어는 책임감이 부족하고 지시하지 않으면 주어진 임무를 수행하지 않는 유형으로 전체 팔로어의 약 5~10%를 차지한다. 이 유형은 자기 일 외에 다른 일은 절대 하지 않는데 이러한 유형은 리더가 독제적 리더십을 통해 위협적으로 규정을 지키도록 강요할 때 많이 발생하는 팔로어십 유형이다.

- **순응형 팔로어**: 리더에 의존적이고 비판적인 사고는 부족하지만 열심히 자신의 역할을 수행하는 유형이다. 리더의 명령과 판단에 지나치게 의존하는 '예스맨' 유형으로 전체 팔로어의 약 20~30%를 차지한다. 이 유형은 갑을 관계가 확실하고 을의 입장에서 현 조직 외에는 다른 방안이 없을 경우 나타나는 유형이다.
- **실무형 팔로어**: 리더의 의견에 대해 비판적이지도 의존적이지도 않으며 리더의 가치와 판단에 의문을 품기도 하지만 적극적으로 대립하지도 않는 유형이다. 시키는 일은 잘 수행하지만 모험적인 일은 하지 않는 유형으로 전체 팔로어의 약 25~30%를 차지한다. 이 유형은 우유부단한 자신의 성격 탓도 있지만 사회나 조직이 불안한 상황에서 더 이상의 대안이 없을 경우에 발생한다.
- **모범형 팔로어**: 독립심이 강하고 헌신적이며 독창적이고 건설적인 비판을 하는 유형으로 리더의 힘을 강화할 수 있는 팔로어이다. 자신의 재능을 조직을 위해서 유감없이 발휘하는 유형으로 스스로 생각하고 알아서 행동할 줄 안다. 전체 팔로어의 약 5~10%를 차지한다. 이 유형의 특징은 솔선수범하고 주인의식이 있으며, 집단과 리더를 도와주고, 자신이 맡은 일보다 훨씬 많은 일을 하려고 한다는 것이다.

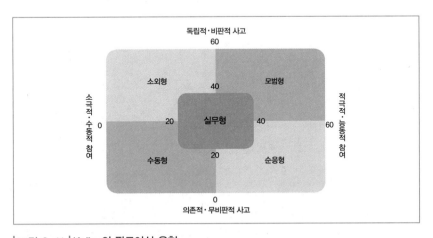

| 그림 2-11 | Kelley의 팔로어십 유형

27) 출처: 정대용·윤미옥·김희숙(2008). 변혁적·거래적 리더십, 팔로어십이 LMX를 매개로 조직성과에 미치는 영향에 관한 연구—중소기업을 중심으로—. 한국창업학회지, 3(2), pp. 253~275.

28) 출처: Kelley, R. E.(1988). "In Prise of Followers". Harvard Business Review, November—December, pp. 142~148.

29) 출처: Kelley, R. E.(1988). "In Prise of Followers". Harvard Business Review, November—December, pp. 142~148; Kelley, R. E.(1992). The Power of Followership: How to Create Leaders People Want to Follow. Followers and Lead Themselves, New York: Doubleday.

사례연구

존경받는 리더가 되는 법

1. 관심을 가져라

요즘 몸은 괜찮은지, 고민은 없는지 팀원들에게 관심을 가져주세요. 상사가 부하의 고민을 자기 일처럼 생각하고, 사소한 것까지 조언해 주는 멘토가 된다면 팀원들은 절로 감동할 수밖에 없겠죠? 이런 멘토는 직장에서의 상하관계를 넘어 개인의 인생에 큰 도움이 되기도 한답니다.

2. "넌 할 수 있어." 믿고 밀어줘라

팀이 문제없이 돌아가게 하는 윤활유 역할을 하는 것은 바로 '믿음'입니다. 맡긴 일을 잘하고 있는지 5분마다 계속 확인하고 간섭하기보다는 대신 '넌 할 수 있어.', '널 믿는다.'고 말해 주세요. 팀원에게 자율성을 부여하여 일을 진취적으로 할 수 있게 한다면 성과는 놀랍도록 커질 거예요.

3. 어떤 결과가 나오든 책임을 져라

상사에 대한 존경심은 어디서 올까요? 상사가 중심에 서서 빠른 판단과 명확한 지시를 내리는 프로다운 모습, 어떤 결과가 나오든 자신이 책임을 지는 모습을 보여준다면 팀원은 존경심을 느낄 수밖에 없습니다. 상사에 대한 무한 신뢰는 보너스랍니다.

4. 진심을 담아 격려하고, 칭찬하라

일하다 보면 슬럼프에 빠지기도 하는데요. 낙담하고 있을 때 '수고했다.', '힘내.' 등 별것 아닌 상사의 격려 한 마디에 부하직원은 큰 감동을 받습니다. 또한 부하직원이 잘한 일이 있다면 아낌없이 칭찬해 주세요. 칭찬은 일터를 신나는 곳으로 만드는 효과가 있습니다.

5. 의견이 달라도 공과 사는 구별하자

업무와 사적인 영역에 대한 구분이 확실하여야 후배들도 자신의 목소리를 낼 수 있습니다. 해결 방향에 대한 모두의 의견이 같을 수는 없겠죠? 후배의 의견이라고 무시하기보다는 나와는 다른 점은 무엇인지, 함께 조율하여 더 나은 해결 방법을 이끌어낼 수 없는지 한 번만 더 고민해 주세요.

출처: 삼성그룹 공식블로그 삼성이야기[30]

> **교육적 시사점**
>
> • 리더는 부하직원의 멘토로서 역할을 하여야 하다.
>
> • 리더의 부하직원에 대한 믿음은 조직의 경영성과 향상에 도움을 준다.
>
> • 칭찬은 고래도 춤추게 하듯이 칭찬 문화는 부하직원의 업무 생산성을 높여준다.

---

30)　출처: 삼성그룹 공식블로그 삼성이야기. 김대리 잘했어! 일 잘하는 직장인 되는 비법 공개. http://blog.samsung.com/3882.

탐구활동

1. 자신이 속한 조직의 목적 및 방향에 효과적인 리더십과 팔로어십을 기술해 보자.

구분	조직에 효과적인 리더십과 팔로어십
리더십	
팔로어십	

2. 다음의 리더십 유형에 해당하는 기업, 비영리기관, 정부기관의 리더에 대해 조사해 보자.

구분	기업명	리더명	이유
거래적 리더십			
변혁적 리더십			
관계지향형 리더십			
과업지향형 리더십			

3. 최근 대두되고 있는 리더십 유형이나 리더십 종류를 조사하고, 이를 기술해 보자. (예: 서번트 리더십, 정도전 리더십 등)

4. 자신의 회사에서 관리자급 이상의 리더십 유형을 매니지리얼 그리드 이론으로 설명하고 해당되는 리더십을 제시해 보자.

직급	인간에 대한 관심 정도 (1~9 중 선택)	생산에 대한 관심 정도 (1~9 중 선택)	리더십 유형
회장			
사장			
이사			
부장			

5. 자신과 자신의 주변 동료들은 어떤 유형의 팔로어인지 Kelley(1992)의 팔로어십 유형에 따라 구분해 보자.

직급	팔로어 유형	이유
본인		

학습평가

정답 및 해설 p.213

1 다음에 제시된 각 용어의 개념을 간단히 작성하시오.

① 리더십:

② 팔로어십:

③ 경영자:

2 경영자의 역할로 적절하지 않은 것을 고르시오.

① 대인관계 역할   ② 정보 전달 역할

③ 의사결정 역할   ④ 제품 검수 역할

※ 다음 문장의 내용이 맞으면 ○, 틀리면 ×에 ✓표시를 하시오. (3∼9)

3 의사결정자로서의 경영자는 사업 계획이나 자원 투자 등에 대해 결정하여야 한다. (○, ×)

4 리더십은 1인 기업에서 가장 강력하게 발휘될 수 있다. (○, ×)

5 제왕적(독재형) 리더십은 추종자나 조직원의 의견을 무시하고 조직목표 및 운영 방침을 부하직원에게 맡겨서 결정하게 하며 민주적 절차에 의해 조직을 운영하는 리더십이다. (○, ×)

6 서번트 리더십은 다른 사람을 섬기는 사람이 리더가 될 수 있다는 이론으로 '하인의 리더십'이라고도 불린다. (○, ×)

7 매니지리얼 그리드 이론으로 분석한 유형 중 가장 이상적인 리더 유형은 무관심형이다. (○, ×)

8 리더십 상황이론은 리더의 행위를 과업행위(지시)와 관계행위(지원)로 분류 후 상황 요인에 따라 리더십을 분류하는 이론이다. (○, ×)

9 팔로어십은 부하로서 상사가 바람직한 리더십을 발휘하도록 유도, 지원하고 상사에 대한 동의뿐만 아니라 건전한 비판도 함께 하는 리더십이다. (○, ×)

10 다음 내용에 해당하는 리더십을 고르시오.

> 구성원에게 비전과 꿈을 제시하고 조직의 미래에 대해 확신을 줌으로써, 구성원이 기업의 높은 목표 달성을 위해 자신의 평소 능력 이상을 발휘하도록 유도하는 리더십

① 변혁적 리더십　　　　　　② 거래적 리더십
③ 관계지향형 리더십　　　　④ 과업지향형 리더십

11 리더십 상황이론에서 업무에 대한 구성원의 성숙도가 높고 구성원에게 업무 위임 정도가 높으며 구성원과 깊이 있는 인간관계를 하지 않아도 생산성이 향상될 수 있는 리더십 유형을 고르시오.

① 참여적 리더십　　　　　　② 위양적 리더십
③ 설득적 리더십　　　　　　④ 지시적 리더십

12 다음 내용에 해당하는 팔로어십 유형을 고르시오.

> 비판적인 사고는 부족하지만 열심히 자신의 역할을 수행하며 리더의 명령과 판단에 지나치게 의존하는 '예스맨' 유형

① 수동형 팔로어　　　　　　② 실무형 팔로어
③ 순응형 팔로어　　　　　　④ 모범형 팔로어

Tip

나의 리더십 유형은?

다음은 서울대 리더십센터가 중앙일보 독자들을 위해 한국공공리더십지수(KPLI)의 축약본을 공개한 내용이다. 실제 테스트는 40개 지표를 토대로 한 78개의 문항인데 효율성을 위해 분야별로 대표적인 항목을 다섯 개씩만 뽑아서 제시하였다. 설문을 읽고 해당되는 곳에 체크하면 여러분이 어떤 리더십 유형에 속하는지 확인할 수 있다.

◆ **나의 리더십 유형은?**

각 설문 문항을 읽고 해당되는 곳에 체크(✔)하세요.	그렇다	아니다
1. 나는 흰 눈 덮인 겨울 산을 보면 나를 잊는 듯한 느낌이 든다.		
2. 나는 하나하나 따지기보다 뭉뚱그려 이해하는 편이다.		
3. 나는 '상황에 맞게 옷을 잘 입는 편'이라는 말을 자주 듣는다.		
4. 음악은 곧 수학이라고 생각한다.		
5. 나는 배가 고플 때 오히려 충만감을 느낀다.		
6. 나는 일을 할 때 주변 사람들과 함께하는 편이다.		
7. 나는 《삼국지》와 《수호지》 중 《삼국지》를 더 좋아한다.		
8. 역사물과 공상과학물 중 내가 더 좋아하는 것은 공상과학물이다.		
9. 나는 클래식(Classic)과 록(Rock) 음악 중 록을 더 선호한다.		
10. 사자와 호랑이 중 내가 더 좋아하는 동물은 사자다.		
11. 나는 날개를 달고 창공을 나는 꿈을 꾼다.		
12. 나는 낙서나 그림 그리기를 좋아한다.		
13. 나는 음악을 들으면 춤을 추고 싶다.		
14. 나는 녹색과 S자를 좋아한다.		
15. 나는 외국 여행을 가면 반드시 그 나라 음식을 먹는다.		

◆ **결과 보는 법**

각 질문에 체크한 뒤 '그렇다'의 개수를 세어 숫자가 많은 쪽이 자신의 유형이다. 1~5번에 '그렇다'가 많으면 '인성 바른 인간형 리더', 6~10번에 많으면 '조직력 강한 관리형 리더', 11~15번에 많다면 '미래지향적 리더'이다.

– 김광웅(2011). 《서울대 리더십 강의–이 시대의 진정한 지도자는 누구인가》. 경기: 21세기북스. 본문 참고.

제3절 의사결정 과정

① 의사결정의 개념

개인과 단체 모두 일상생활에서 여러 형태의 의사결정을 하게 된다. 일반 기업에서 의사결정은 기업의 소유주나 경영자가 기업의 목표, 전략 또는 사업 방향 등 경영 상태 전반에 대한 방향을 결정하는 일이다. 의사결정(意思決定: Decision Making)에 대한 정의는 여러 가지로 규정되고 있으나, 가장 일반적인 의미의 의사결정이란 조직의 문제해결과 관련된 여러 대안(Alternatives) 가운데서 미래에 발생할 현상을 결정자가 의도하는 쪽으로 유도하기 위해 하나의 대안을 선택하는 과정을 말한다. 여기서 대안이란 조직의 현 상황을 가장 효과적으로 해결해 줄 수 있는 특정한 방안을 말한다.

조직의 의사결정은 개인의 의사결정보다 복잡하며, 신속하게 이루어져야 할 때가 많고, 불확실한 환경에서 또는 결과가 명확하게 정의된 상태에서 이루어지기도 한다. 또한 의사결정은 한 사람의 경영자나 관리자에 의해 결정되는 경우도 있지만 기업의 경우 주주나 구성원의 의견을 반영하여 결정하는 경우도 있다. 즉, 문제를 해결하기 위해서는 여러 부서가 관여하고, 다양한 견해를 내기도 하며, 외부 전문가 조직이 개입되기도 한다. 일반적으로 기업의 의사결정은 다음과 같은 문제에 대한 대안을 찾기 위해 하는 경우가 많다.

- 어떤 제품으로, 어떤 시장에서 사업을 할 것이냐 하는 시장과 제품에 관한 의사결정
- 우리 회사에 어떤 기업문화를 도입할 것인지, 어떤 사람들을 채용할 것인지 그리고 그 사람들을 어떻게 평가, 보상하고 조직관리는 어떻게 할 것인지와 같은 조직과 인사에 관한 의사결정
- 새로운 제품의 개발 여부 혹은 기술의 도입, 마케팅·생산과 같은 기업의 세부 기능에 대한 의사결정

2 의사결정 모델

1) 합리적 의사결정[31]

기업의 경영자는 완벽한 합리성을 가지고 의사결정을 하여야 하지만 실제로는 다양한 외부 변수로 인해 합리적 의사결정이 불가능한 경우가 많다. 따라서 경영자의 의사결정 시에는 주주나 조직 구성원이 함께 참여하는 경우가 많으며 한 번 결정되더라도 기존의 결정을 조금씩 수정해 나가면서 최선의 방안을 찾는 것이 바람직한 의사결정 과정이다.

① 탐색: 문제 탐색 및 환경 요인 평가

탐색 단계는 조직 내에서 발생한 문제를 파악하고 이해하는 단계이다. 구체적으로 문제의 내용, 문제의 발생 원인, 문제가 조직에 미칠 부정적 영향 등을 파악한다. 문제를 파악하기 위해서는 SWOT 분석 등을 통해 조직 내부 및 외부의 현황을 지속적으로 모니터하여야 한다.

② 설계: 대안 개발

설계 단계는 문제를 해결할 수 있는 대안을 개발하고 분석하는 단계이다. 경우에 따라 대안이 이미 주어져 있는 경우도 있으며 어떤 경우에는 완전히 새로운 대안을 개발하여야 한다.

③ 선택: 합리적인 대안 선택

선택 단계는 가능한 대안 중 한 가지 대안을 선택하는 단계이다. 이 단계에서는 명시적이든 암묵적이든 대안을 선택하는 기준을 마련하고 기준에 따라 각 대안을 평가한다.

④ 수행: 선택된 대안의 실행

수행 단계는 선택된 대안을 실행하는 단계이다. 이 단계에서는 선택된 대안이 제대로 효과를 거두고 있는지를 검토하고 그렇지 않다면 왜 그러한 문제가 생기는가에 대한 분석을 한다. 즉, 선택한 안이 예상 수익률을 올리고 있는가, 다른 대안이 더 나은 결과를 가져오지 않았는가 등에 대한 분석이 이 단계에서 수행되어야 한다.

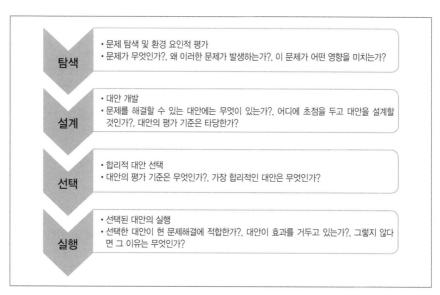

| 그림 2-12 | 합리적 의사결정 과정

2) 직관에 의한 의사결정

의사결정 시 합리성만을 추구하는 데에는 한계가 있다. 물론 위험을 최소화하기 위해서는 다양한 자료의 정밀 분석을 통한 합리적 의사결정이 중요하다. 하지만 인간은 누구나 실수를 하고 감성적 동물이기 때문에 때로는 합리성보다는 직관에 의한 판단이 더 효과적일 수 있다. 지나친 합리성은 자료 수집 시간을 지연시키고 분석 증후군을 유발할 수 있기 때문이다. 따라서 어느 정도의 직관은 합리적 의사결정에 있어 합리성을 보완할 수 있는 방안이 될 수 있다.

특히 국제정세가 불안정하고 신기술의 급속한 발전 등이 이뤄지는 불확실한 환경에서는 직관의 힘이 중요하게 작용한다. 직관의 힘은 특히 운동선수들에게서 많이 나타난다. 예컨대 운동 관련 자료를 수집하여 정밀하게 분석해서 훈련에 임해도 실전에 투입되면 배운 대로 쉽게 골이 들어가지 않고 순간적·무의식적 행동에 의해 골이 들어가는 경우가 종종 있다. 즉, 모든 행동을 다 분석하고 슛을 하는 것이 아니라 훈련을 통해 축적된 경험을 바탕으로 상황에 따라 순간적·무의식적으로 골을 넣는다는 것이다. 이러한 현상을 Landman은 4단계의 학습모델을 통해 설명하였다.

---

31) 출처: 허진·이영진(2013). 《관광마케팅》. 서울: 한국방송통신대학교출판부. 본문 참고.

| 그림 2-13 | Landman의 4단계 학습모델[32]

직관에 의한 올바른 의사결정을 하기 위해서는 자신의 느낌에 대한 경험 지수를 높여서 가능한 오류를 최소화할 필요가 있다. 한두 번의 직관으로 결정한 의사결정이 올바르다고 해서 조직의 모든 의사결정에 자신의 직관을 그대로 적용하게 되면 심각한 문제가 발생할 수 있다. 따라서 올바른 의사결정을 위해서 리더는 자신의 경험에 대한 검증과 직관의 과학화를 위한 노력을 계속하여야 한다.

3) 의사결정 방법

조직에서 의사결정을 하는 대표적인 방법으로 브레인스토밍(Brainstorming) 있다. 브레인스토밍은 다양한 문제 또는 한 가지 문제에 대해 서로 이해관계가 있는 조직 또는 집단 구성원이 모여 다양한 해결책을 제시하고 그중에서 최선의 방책을 찾아내는 방법이다. 브레인스토밍을 할 때는 자신의 선호나 취향에 근거한 것이 아닌 주장에 근거해서 의견을 제시하고, 주장은 반드시 논리적 근거나 합리적 경험을 바탕으로 제시하여야 독선으로 흐르지 않게 된다. 또한 타인이 아이디어를 제시할 때 비판하기보다는 가능한 수용하면서 문제의 해결책을 찾는 데 주력하여야 한다. 이처럼 여러 문제에 대한 다양한 아이디어 중 기업이나 조직의 상황에 가장 적합한 아이디어들을 수집하고 최적의 해결책을 마련하는 과정을 브레인스토밍이라고 한다.

브레인스토밍은 주로 4가지 원칙에 입각하여 실시한다. 첫째, 비판 금지이다. 다른 사람의 아이디어는 절대로 비판하지 않는다. 비판받은 사람은 움츠러들게 마련이고 이는 다른 모든 이들로 하여금 새로운 아이디어의 발상을 제한한다. 둘째, 자유분방한 분위기 형성이다. 자유분방한 분위기에서 엉뚱하거나 창의적인 아이디어를 환영하되 시간 제한을 둔다. 또한 자유로운 발상으로 아이디어의 한계를 극복하고 어리석어 보이는 아이디어도 의무적으로 제출시킨다. 셋째, 질보다 양을 추구한다. 아이디어의 수가 많으면 그중에 좋은 아이디어가 반드시 있기 마련이므로 가능한 많은 아이디어를 제출시키도록 한다. 넷째, 아이디어에 편승하여 다른 아이디어를 발전시킨다. 모든 아이디어를 참가자들이 볼 수 있도록 기록함으로써 모든 사람이 다른 사람의 아이디어에 편승하여 자신의 아이디어를 발전시키고 다른 사람의 아이디어도 발전시킬 수 있게 한다.

다음으로 브레인스토밍 시 성공적인 아이디어 창출법 3 Step을 소개한다. 먼저 브레인스토밍 회의에 참석한 모든 사람들에게 해당 주제에 대한 아이디어를 개수의 제한 없이 제출하도록 한다. 제출 방식은 구두 또는 서면 등 자유롭게 한다. 그 다음 제출된 아이디어를 유사한 유형끼리 묶는다. 예를 들어, 신제품 개발 브레인스토밍이라면 액정, 거북선, 이순신, 휴대폰 등의 아이디어가 나올 것이고 이것을 거북선과 이순신, 액정과 휴대폰으로 구분할 수 있을 것이다. 다음으로 분류한 아이디어를 네이밍한다. 예컨대 전통·역사(거북선, 이순신)와 IT(액정, 휴대폰) 등으로 네이밍한 후 위계를 결정한다. 다음으로 기존 아이디어와 유사한 것이 있으면 이를 결합한다. 최종적으로 우리 회사의 역량과 자원, 자본 등을 고려하여 중·장기적으로 투자할 수 있는 아이디어를 선택한다.

---

32) 출처: Landman, T.(2012). RSA 'Rational intuition' 강연. http://www.benfarahmand.com/2012/04/rational-intuition-by-professor-todd.html.

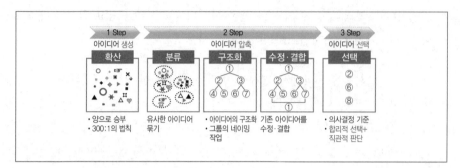

| 그림 2-14 | 브레인스토밍 3 Step[33)]

성공적인 의사결정을 위해서는 서로 다른 의견을 가진 사람을 가까이 두고 그 사람의 의견이 틀린 게 아니라 다른 것임을 인정하여야 한다. 또한 현실의 문제는 냉철하게 받아들이고 가능한 현장에서 문제의 답을 찾아야 한다. 마지막으로 자신의 실수를 솔직히 인정하고 타인의 조언을 겸허하게 받아들일 준비가 되어 있어야 독선으로 흐르지 않고 성공적인 의사결정을 할 수 있다.

사례연구

인사 책임자의 의사결정 중요성

리더의 업무 가운데 중요한 것 중 하나는 인사이다. 즉, 어떤 역량을 가진 직원을 어떤 업무에 배치하여야 가장 효과적으로 일을 할 수 있을지를 결정하는 일이다.

전문 경영인의 경우 그 직원의 업무성과나 인사고과 등을 객관적으로 판단하고 직원을 적재적소에 배치하여 업무 효율성을 높일 수 있다. 하지만 가족형 기업 형태의 조직이나 제대로 된 경영자 수업을 받지 않은 리더는 자신의 감정이나 인맥에 의한 낙하산 인사를 하는 경우가 많다. 이 경우 기존 구성원들은 조직 인사에 불만을 가질 수 있고 낙하산 직원을 따돌리는 경우도 발생한다. 이로 인해 조직의 갈등은 깊어지고 구성원들은 최선의 노력을 다하지 않게 되어 결국 조직의 전체 업무성과가 떨어지게 된다.

또 한 사례는 과거의 실수로 구성원을 괴롭히는 경우이다. 회사에서 업무상 인정을 받는 구성원이더라도 리더에게 한 번 낙인 찍히면 힘든 직장생활을 하게 될 뿐만 아니라 부적절한 징계로 인해 사퇴할 수도 있다. 이 또한 리더가 유능한 인재를 제대로 관리하지 못하여 발생하는 사례라고 할 수 있다.

이러한 사례들은 리더 본인에게는 유익할 수 있지만 장기적인 관점에서는 생산성 하락과 조직문화를 어지럽히는 결과를 초래하게 되어 불안정한 조직을 만들 수 있다. 따라서 리더는 개인적인 감정보다는 합리적이고 타당한 근거를 토대로 인사 의사결정을 해야 한다.

교육적 시사점

- 리더는 인사에 대한 의사결정 시 조직 구성원에 대한 업무성과나 인사고과를 합리적이고 타당한 방법으로 실시하여야 한다.
- 인사에 대한 잘못된 의사결정은 조직문화를 훼손하고 기업의 생산성 하락을 유발할 수 있다.

---

33) 출처: 조은우(2013. 02. 22.). [하이서울 창업스쿨_동영상강좌_2] 아이디어를 깨우는 브레인스토밍. http://www.thinkvirus.net/167.

탐구활동

1. 합리적 의사결정 모델에 따라 내가 속한 조직의 신규제품 생산에 대한 의사결정을 해보자.

과정	실행 내용
문제 탐색 및 환경 요인 평가	
대안 개발	
합리적인 대안 선택	
선택된 대안의 실행	

2. 자신이 휴대폰 제조 회사에 근무한다고 가정하고, 신규제품 개발에 관한 의사결정 시 합리적인 대안 선택 기준으로 어떤 기준을 제시할 수 있는지 작성해 보자.

[예시]
1. 기준 – 그립(Grip) 감, 주장 – 소비자는 한 손에 쏙 들어오는 것을 좋아한다. 근거 – 그래야 떨어뜨리지 않기 때문이다. 휴대폰 파손의 몇 %는 낙상에 의한 것이다.
2. 기준 – 방수 효과
3. 기준 – 내구성
4. 기준 – 가격

기준	주장	근거

3. 조직운영 시 직관에 의한 의사결정의 장단점과 그에 대한 사례를 작성해 보자.

〈장점 및 사례〉

〈단점 및 사례〉

4. 브레인스토밍 3 Step 방법을 이용하여 우리 회사의 신규제품 개발을 어떻게 할 것인지 논의해 보자.

확산	분류	구조화	수정·결합	선택

학습평가

정답 및 해설 p.213

1 다음에 제시된 각 용어의 개념을 간단히 작성하시오.

① 의사결정:

② 브레인스토밍:

※ 다음 문장의 내용이 맞으면 ○, 틀리면 ×에 ✓표시를 하시오. (2~5)

2 의사결정은 한 사람의 경영자나 관리자에 의해 결정되는 경우도 있지만 기업의 경우 주주나 구성원의 의견을 반영하여 결정하는 경우도 있다. (○, ×)

3 합리적 의사결정은 자료 수집 시간을 지연시키고 분석 증후군을 유발할 수 있기 때문에 직관에 의한 의사결정도 필요하다. (○, ×)

4 리더가 자신의 생각에 부합하는 정보들만 받아들여 의사결정할 경우 문제해결이 더욱 쉬워진다. (○, ×)

5 브레인스토밍 3 Step은 아이디어 생성, 아이디어 압축, 아이디어 선택의 단계로 구성된다. (○, ×)

6 조직이나 기업 운영 시 의사결정이 필요한 사항에 대한 설명으로 적절하지 않은 것을 고르시오.

① 어떤 제품으로, 어떤 시장에서 사업을 할 것이냐 하는 시장과 제품에 관한 의사결정

② 우리 회사에 어떤 기업문화를 도입할 것인지, 어떤 사람들을 채용할 것인지 그리고 그 사람들을 어떻게 평가·보상하고 조직관리는 어떻게 할 것인지와 같은 조직과 인사에 관한 의사결정

③ 신제품 출시 시 조직 구성원에게 무료로 제공할 상품 개수에 대한 의사결정

④ 새로운 제품의 개발 여부 또는 기술의 도입, 마케팅·생산과 같은 기업의 세부 기능에 대한 의사결정

7 합리적 의사결정 과정에 해당하지 않는 것을 고르시오.

① 평가: 문제 탐색 및 결정된 사항의 평가

② 설계: 대안 개발

③ 선택: 합리적인 대안 선택

④ 수행: 선택된 대안의 실행

8 브레인스토밍의 4원칙에 해당하지 않는 것을 고르시오.

① 비판 금지

② 자유분방한 분위기 형성

③ 질보다 양 추구

④ 아이디어 숨기기

마인드맵 프로그램을 이용한 브레인스토밍

브레인스토밍 회의에서는 다양하고 많은 아이디어가 제시된다. 뿐만 아니라 다른 팀원들의 아이디어까지 더한다면 그 양은 무궁무진하다고 할 수 있다. 회의 또는 브레인스토밍 진행 시 Microsoft Office Visio나 알마인드(이스트소프트)를 사용하여 다이어그램을 만들면 아이디어를 시각적으로 표현할 수 있어 아이디어를 유형화하고 테마와 계층 구조를 파악, 분류하여 정렬할 수 있다. 또한 복잡한 아이디어 회의에서도 아이디어의 실행 방안을 손쉽게 도출할 수 있는데 이것이 시각화의 힘이다.

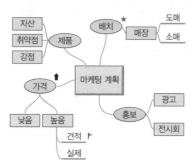

[MS Visio을 활용한 다이어그램]

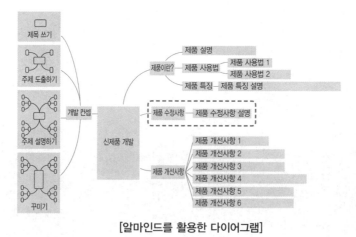

[알마인드를 활용한 다이어그램]

제4절 조직 경영참가 방법

1 경영참가의 필요성 및 효과

경영참가는 회사에서 중요한 의사결정을 하거나 문제가 발생했을 때 경영진뿐만 아니라 조직 구성원이 문제해결 과정에 참여하여 자신의 주장을 제시하는 것을 의미한다. 경영참가의 형태는 학자들마다 견해의 차이가 있지만 주로 관리참가, 분배참가, 자본참가 등 세 가지 형태로 나뉜다. 조직 구성원의 경영참가가 필요한 이유는 경영자가 모든 사업부의 업무를 다 파악할 수 없고 조직 구성원이 경영진에서 시키는 단순한 일만 하게 되면 업무 효율성이나 성과가 창출되기 어렵기 때문이다. 예를 들어 현장에서 근무하는 근로자가 의사결정에 참가하지 못하면 자신이 맡고 있는 업무에 대해 높은 몰입도와 성취감을 느끼지 못할 것이다.

과거에는 근로자의 직무 생산성을 높이기 위해 주로 금전적 보상을 이용하였다. 하지만 최근에는 학력 수준이 높아지고 적은 월급을 받더라도 자기 개발을 통해 삶의 질을 높이고 싶어 하는 근로자가 증가하면서 과거와 같이 통제, 지시의 방식으로는 조직 구성원을 효율적으로 관리, 지도하기가 어려워졌다. 이에 따라 관리자는 권위주의에서 벗어나고 근로자는 스스로 목표를 세우고 그것을 수행하기 위해 경영자나 관리자와 함께 의사결정을 하는 방향으로 조직경영이 변하고 있다. 이러한 방법 중 대표적인 것이 조직 구성원의 경영참가이다. 경영참가는 경영, 생산, 인사 등 다양한 방면에서 조직 구성원이 공동 결정권, 자문권, 제안권, 감독권, 고충처리권 등의 권한을 가지고 참가하는 것을 말한다.[34]

조직 구성원의 경영참가 기회가 많아지면 노조와 기업이 동반자적 관계를 유지할 수 있고 근로자의 이익이 증가할 수 있다. 또한 능동적인 업무수행이 가능해져 기계화된 기업에서 인간소외 현상이 감소하고 구성원에게 자기 개발 및 인성 개발의 기회가 보장된다. 경영자 입장에서는 구성원의 좋은 아이디어를 효율적으로 활용할 수 있어 하나의 제품을 생산하더라도 다른 기업에 비해 경쟁 우위를 차지할 수 있다. 마지막으로 경영참가는 균형적인 의사결정을 이끌어 내기 때문에 기업 내 민주적인 이미지를 제고하는 효과가 나타난다.

---

34) 출처: 최종태(1994). 《현대경영참가론》. 서울: 경문사. 본문 참고.

2 경영참가의 수준 및 참가 유형

1) 경영참가 수준

조직 구성원의 경영참가는 경영, 생산, 인사 등 다양한 범위 내에서 가능하다. 이를 구분하면 다음과 같다.

- 회사 운영 및 관리 사항: 최고경영자의 임명, 공장 이전, 공장의 부분 폐쇄 결정, 합병 등
- 생산 및 기술적 사항: 생산 설계 및 계획, 생산 방법, 작업 조직 구성, 공정 계획 등
- 고용 및 인사 사항: 채용, 승진 및 승급, 배치 전환, 교육·훈련, 작업 시간·작업 환경 개선, 근로 복지, 업적 평가, 임금·급여 지불 방법, 해고·임시 해고, 산업재해 방지 등
- 경제적 사항: 원가 정책, 투자 계획, 판매 정책, 가격 정책, 자금 운용 계획, 배분 정책 등

2) 경영참가 유형

경영참가 유형은 학자들의 견해마다 차이가 있지만 참가의 기본 형태에 따라 성과참가, 재산참가, 의사결정참가, 과정참가, 결과참가로 분류할 수 있다. 한편, 근로자가 생산 수단의 운영 과정에서 의사결정 과정에의 참가뿐만 아니라 운영 결과에도 책임을 질 수 있어야 진정한 경영참가로 판단된다.

성과참가는 조직 구성원이나 피고용인이 기업 성과 창출에 대한 협력의 대가로 경영성과(업적, 이익 등)의 일부를 분배받으면서 성립된다. 재산(자본)참가는 피고용인을 기업 투자 자본의 출자자로서 기업경영에 참여시키는 방식이다. 의사결정참가는 피고용인이 경영 의사결정에 참여하거나 경영기능에 대해 영향력을 행사하도록 참가시키는 방식이다. 과정참가는 직접참가와 간접참가로 나뉘며 결과참가는 성과에 대한 배분 방식에 따라 참가 방식이 차이가 난다.

| 표 2-4 | **경영참가의 기본 유형(광의의 개념)**

참가 유형	참가 방법	특징
성과참가	업적참가, 수익참가, 이익참가	이익 배분, 금전적
재산(자본)참가	자기 자본: 우리사주제 타인 자본: 노동주제도	자본참가, 금전적
의사결정참가	정보참가, 협의참가, 결정참가	경영참가, 비금전적 노사협의회, 현장 자율 경영팀 등
과정참가	• 직접참가: 근로자 중심 정보 공유, 현장 참여 • 간접참가: 의사결정 참여	• 노사공동위원회, 노사협의회 • 노동조합 등 • 근로자 현장 참가
결과참가	• 성과배분제, 우리사주조합제, 사내근로복지기금제	

출처: 최종태(1994)[35]

---

35) 출처: 최종태(1994). 《현대경영참가론》. 서울: 경문사. 본문 참고.

사례연구

네이버 셀 조직 도입으로 '아메바 경영' 혁신 가속

최근 네이버가 2014년부터 약 20여 개의 독립형 '셀 조직'을 운영하여 기획, 예산, 인사 등의 권한을 위임하면서 본격적인 아메바 조직 가동에 들어갔다. 네이버는 이전의 시스템으로는 추가 성장 동력을 찾지 못하였고 조직 관료화에 따른 내부 성찰의 결과로 이 같은 조직 개편을 단행하였다고 주장하였다. 특히 네이버는 "외부 환경 변화를 가장 빠르게 수용할 수 있는 조직 운영을 통해 모바일 생태계를 주도한다는 전략"으로 아메바 조직을 운영하고 있어 향후 성장이 기대된다. 이 같은 아메바의 속성을 경영에 맨 처음 도입한 사람은 교세라의 이나모리 가즈오 회장이다.

아메바는 어느 정도 성장하게 되면 자체적으로 분열을 하여 여러 개의 독립된 개체로 분리되고 각 개체는 또 하나의 아메바로 성장하게 된다. 이와 같이 교세라의 아메바 경영은 신속하게 환경 변화에 대응하는 단세포 동물 아메바의 생존 원리를 기업에 적용한 것이다. 회사 조직을 공정별·제품별로 나눠 각각의 시장에 맞춰서 독립적으로 운영하는 이러한 조직은 회사 내에 소규모 중소기업이 여러 개 있는 것과 동일한 구조. 이 구조의 장점은 회사 규모가 커져도 사업 목적이나 업무에 따라 세부 조직으로 분열이 가능하고 세부 조직의 리더는 항상 창업자처럼 자신의 조직을 성공적으로 이끌기 위해 노력하게 되어 분위기 또한 창업 초기처럼 자신감과 역량이 넘치는 조직문화를 형성할 수 있다는 것이다. 기업의 입장에서는 위험 부담도 적어진다. 아메바 경영은 조직 구성원들이 단순한 노동자가 아닌 회사의 파트너로서 경영에 참가하는 '전원 참가 경영'을 실현하는 경영 기법이기도 하다.

출처: 한국경제신문(2015. 09. 07.) 기사 참조[36]

교육적 시사점

- 위임을 통해 자기결정권을 부여하면 자신감과 사기가 충전되어 업무성과가 향상된다.
- 직원들은 경영참가를 통해 경영자 의식을 가지게 되고 리더와 함께하는 팔로어십을 형성하여 회사의 발전에 기여할 수 있다.

---

36)　출처: 한국경제신문(2015. 09. 07). 네이버의 실험...'아메바 조직'으로 혁신 가속.

탐구활동

1. 업무 추진 시 최대의 성과를 도출하기 위해 자신이 참가하고 있는 경영 수준은 어느 정도인지 작성해 보자. (참가하지 않는 경영 수준은 비워둔다.)

참가 수준	구체적 참가 내용
회사 운영 및 관리	
생산 및 기술	
고용 및 인사	
경제적 사항	

2. 현재 자신이 참여하고 있는 경영참가 유형 중 재산참가와 수익참가는 어떻게 이루어지고 있는지 작성해 보자. (예: 재산참가는 우리사주 등, 수익참가는 업무 실적 평가에 따른 인센티브 등)

참가 유형	구체적 참가 방법
재산참가	
수익참가	

3. 【사례연구】를 읽은 후, 이나모리 가즈오 회장이 주장한 아메바 경영을 좀 더 깊이 있게 파악하기 위해 유튜브에서 '아메바 경영 1단계 총정리'편 영상(https://youtu.be/bvftdbWmdjM)을 시청하자. 그 다음 아메바 경영에 대해 요약한 후 한국 관점에서 벤치마킹할 수 있는 시사점을 제시해 보자.

요약	
한국 관점의 시사점	

학습평가

정답 및 해설 p.214

1   다음에 제시된 각 용어의 개념을 간단히 작성하시오.

　　① 경영참가:

　　② 성과참가:

※ 다음 문장의 내용이 맞으면 ○, 틀리면 ×에 ✓표시를 하시오. (2~3)

2   조직 구성원의 경영참가가 필요한 이유는 경영자가 모든 사업부의 업무를 다 파악할 수 없고 조직 구성원이 경영진에서 시키는 단순한 일만 하게 되면 업무 효율성이나 성과가 창출되기 어렵기 때문이다. (○, ×)

3   조직 구성원의 경영참가 기회가 많아지면 노조와 기업이 적대적인 관계를 유지하게 되고 근로자의 이익이 감소할 가능성이 높다. (○, ×)

4   경영참가 수준 중 '고용 및 인사 사항'에 속하는 내용을 고르시오.

　　① 생산 방법

　　② 승진 및 배급

　　③ 투자 계획

　　④ 공장 이전

5   다음 경영참가의 참가 방법에 대해 간단히 작성하시오.

　　① 재산참가:

　　② 의사결정참가:

　　③ 과정참가:

Tip

노사협의회와 단체교섭의 비교

경영참가 시 주체가 되는 노사협의회와 단체교섭을 구분해 보자.

구분	노사협의회	단체교섭
목적	노사 공동의 이익 증진과 산업 평화 도모	근로 조건의 유지 및 개선
당사자	근로자의 대표 및 사용자	노동조합의 대표자와 사용자
대상	기업의 경영이나 생산성 향상 등과 같이 노사 간의 공통된 이해관계	임금, 근로 시간, 기타 근로 조건에 관한 사항처럼 이해관계가 대립함
결과	법적 구속력이 있는 계약 체결이 이루어짐	단체교섭이 원만히 이루어진 경우 단체협약 체결로 연결됨

학/습/정/리

1. 경영은 기업이나 사업 따위를 관리하고 운영하는 것을 의미하며 좀 더 폭넓게는 사업을 함에 있어 계획을 세우고 추진 전략을 수립하여 전략을 수행하는 행위까지를 포함한다.

2. 경영전략은 장기적이고 근본적인 계획으로 미래에 대한 밑그림이자 현재보다 나은 상황에 초점을 맞춰 전술이 지향하여야 하는 방향을 알려주는 나침반 역할을 한다.

3. 경영전술은 전략의 하위 개념으로 고객과의 상담, 기안 올리기, 시스템 설계, 광고 제작 등 전략 목표에 도달하기 위해서 행하는 일상적인 활동이다.

4. 조직에서 비전은 목적과 유사한 개념으로 경영전략과 전술을 통해 달성하고자 하는 미래의 '어떤 상태'를 의미한다.

5. 미션은 조직이나 기업의 존재 이유를 설명하는 기업에서의 최상위 개념으로 궁극성과 지속성을 전제로 한다. 예를 들어, 전쟁하는 이유, 기업의 존재 이유, 개인의 존재 목적 등이 미션에 해당된다.

6. 기업 비전 수립 시 다음과 같은 사항을 고려하여야 한다.

   ① 방향성: 어떤 영역으로 나아갈 것인가에 대한 것이다.

   ② 차별성: 기업의 방향, 종사원이 해당 기업에서 해야 할 역할 등 타 기업과 차별화할 수 있는 부문을 설정하여야 한다.

   ③ 가치: 비전은 기업 구성원에게 의미 있고 가치 있는 메시지를 전달할 수 있어야 하고 그 메시지에 의해 조직이나 기업 구성원의 행동이 변화될 수 있어야 한다.

7. 경영전략은 경영을 하는데 필요한 전략(Corporate Strategy)으로 희소한 경영자원을 배분하여 기업이 경쟁 우위를 창출하고 유지할 수 있게 하는 주요한 의사결정이다.

8. 효과적인 경영전략 수립 조건은 다음과 같다.

   1) 명확하고 과감한 전략

   2) 유연성

   3) 집중성

   4) 안정성과 커뮤니케이션

   5) 열성적인 헌신과 리더십

9. 경영전략의 수준은 기업 전체적인 '전사적(기업부 수준) 전략', 각 부서별 '사업부 수준 전략', 사업부의 각 팀이나 기능별 '기능부 수준 전략'으로 구분할 수 있다.

10. 경영전략의 유형은 성장전략, 축소전략, 경쟁력 강화전략으로 구분할 수 있다.

11. 경영전략은 군사전략 시대, 장기전략 계획 시대, 산업 구조 및 경쟁 분석 시대, 경쟁 우위의 창출 및 인터넷 기술 진보 시대의 과정을 거치면서 발전하였다.

12. 경영전략의 수립 과정은 크게 4단계로 구분할 수 있다. 1단계에서는 기업의 미션 및 목표를 설정하고 2단계에서는 기업의 내·외부 시장 상황을 분석하고 3단계에서는 전략 수립과 선택의 과정을 거치고 마지막 4단계에서는 전략을 실행하고 실행을 평가, 통제하며 다음 전략을 위해 환류하는 과정을 거친다.

13. 기업이 환경 분석을 하는 이유는 대내외 환경으로 인해 기회와 위협을 동시에 받고 있으며 이를 정확하게 진단하여야 기업의 환경 변화에 효율적으로 적응할 수 있기 때문이다.

14. 외부 일반 환경(거시 환경)은 모든 기업에 공통적으로 영향을 주는 환경으로 기술적(Technological) 환경, 경제적(Economic) 환경, 정치·법률적(Political·Legal) 환경, 사회·문화적(Sociocultural) 환경, 생태·환경적(Ecological) 환경으로 구분할 수 있다.

15. 외부 과업 환경 분석은 경쟁자, 고객, 공급자, 규제기관에 대한 분석으로 기업의 과업 환경에 영향을 미치는 '그들은 누구'이며, '무엇을 하는지(사업 구조, 제품, 조직)', '그들의 강·약점', '자사와 비교한 경쟁력은 어느 정도인지', '미래 동향' 등에 관해 분석하는 것이다.

16. Porter의 산업 구조 분석의 다섯 가지 경쟁력은 기존 기업과의 경쟁, 잠재적 진입자와의 경쟁, 대체재와의 경쟁, 구매자 교섭력, 공급자의 교섭력으로 구분할 수 있다.

17. 기업 내부 환경 요소는 유·무형의 경영자원, 기술 및 인력의 핵심 역량, 기능별·사업부별 조직구조, 기업 문화, 리더십이 있다.

18. BCG 매트릭스는 미국의 보스턴 컨설팅 그룹(BCG)이 개발한 전략 평가 기법으로 '시장점유율'(Market Share)과 '사업의 성장률'(Growth)에 따라 사업의 종류를 '스타(Star) 사업', '현금젖소(Cash Cow) 사업', '물음표(Question Marks) 사업', '개(Dog) 사업'으로 구분한다.

19. SWOT 분석은 기업의 강점(Strenths), 약점(Weaknesses), 기회(Opportunities), 위협(Threats)에 대한 전체적인 평가를 분석하는 기법이다.

20. 경영자는 기업의 목적 달성을 위해서 경영활동을 계획·지휘·조정하는 기업의 관리 주체로 조직의 인적·물적·금융적·정보적 자원을 계획·조직하며, 지휘·통제하는 사람이다.

21. 경영자는 대인관계 역할, 정보 전달 역할, 의사결정 역할을 한다.

22. 리더십은 경영자(조직의 리더)가 특정 상황하에서 집단이나 조직의 목표를 달성하기 위해 조직 내의 개인이나 집단에 대해 적극적인 영향력을 미치는 과정에서 발휘되는 경영자의 특성이다.

23. 경영스타일에 따라 리더십을 거래적 리더십, 변혁적 리더십, 관계지향형 리더십, 과업지향형 리더십으로 구분할 수 있고 최근에는 동물의 리더십, 서번트 리더십, 팔로어십 등의 리더십이 선호된다.

24. 매니지리얼 그리드 리더십 결정 이론은 리더가 지향하는 생산과 인간에 대한 관심을 X와 Y축으로 하여 리더십을 5개의 유형으로 구분한 이론으로 무관심형(무기력형), 친목형(컨트리 클럽형), 과업중심형, 중간형, 팀형으로 구분된다.

25. 팔로어십은 부하로서 상사가 바람직한 리더십을 발휘하도록 유도·지원하고, 상사에 대한 동의뿐만 아니라 건전한 비판도 함께하는 것이다.

26. Kelley(1992)의 분류에 의하면 팔로어십은 소외형, 모범형, 수동형, 순응형, 실무형으로 구분된다.

27. 일반 기업에서 의사결정은 기업의 소유주나 경영자가 기업의 목표, 전략 또는 사업 방향 등 경영 상태 전반에 대한 방향을 결정하는 일이다.

28. 합리적 의사결정 과정은 다음의 단계를 거친다.

1) 문제 탐색 및 환경 요인 평가

2) 대안 개발

3) 합리적인 대안 선택

4) 선택된 대안의 실행

29. 지나치게 합리적으로 의사결정을 하게 되면 자료 수집 시간을 지연시키고 분석 증후 군을 유발할 수 있다. 따라서 합리적 의사결정에 있어 합리성을 보완할 수 있는 직관적 의사결정 방안이 필요하다.

30. 브레인스토밍 네 가지 원칙은 다음과 같다.

1) 비판 금지

2) 자유분방한 분위기 형성

3) 질보다 양 추구

4) 아이디어에 편승한 다른 아이디어의 발전

NCS
직업기초능력평가

조직
이해
능력

Chapter

03

체제이해능력

제❸장
체제이해능력

▶▶ 학습목표

구분	학습목표
일반목표	장차 직업인으로서 자신이 속할 조직의 목표와 구조를 이해하고 조직의 문화, 규칙 및 규정, 업무 절차를 파악하며 조직 내 단위조직의 기능과 역할, 조직 간의 관계를 이해하는 능력을 기른다.
세부목표	1. 내가 속한 조직의 목표를 설명하고 조직의 기능과 역할을 이해할 수 있다. 2. 조직의 구조를 설명할 수 있다. 3. 조직문화의 특성을 설명할 수 있다. 4. 내가 속한 조직의 규칙과 규정을 파악할 수 있다. 5. 내가 속한 조직 내 집단의 특징을 설명할 수 있다.

▶▶ 주요 용어 정리

조직

두 사람 이상이 특정 목적을 달성하기 위하여 의식적으로 상호작용하고 유기적인 협력을 행하는 행동의 집합체로 공식 조직과 비공식 조직 등으로 구분됨

조직문화

특정 조직이 걸어온 발자취, 즉 그 조직의 경영스타일, 조직원의 행동, 말, 업무 형태 등 오랜 기간 동안 조직 구성원이 타당한 것으로 인정해 온 것으로 조직 내부를 통합할 수 있는 구성원들의 가치, 신념, 규범을 가리킴

의사소통

개인과 개인, 개인과 집단, 집단과 집단 등이 가진 정보를 상호 교환하는 과정

갈등

개인 또는 집단 간에 추구하는 목표나 이해관계가 달라 서로를 적대시하거나 육체적·심리적 공격으로 인해 문제가 발생한 상태

제1절 조직의 구조

1 조직의 개념 및 기능

1) 조직과 직장의 개념

조직은 두 사람 이상이 특정 목적을 달성하기 위하여 의식적으로 상호작용하고 유기적인 협력을 행하는 행동의 집합체를 의미한다. 사람들은 사회적 동물이기 때문에 혼자서 일할 때보다 여럿이 함께 일할 때 더 많은 아이디어를 도출할 수 있고 생산성도 높아진다. 또한 의사결정 시에도 혼자 결정하기보다 다양한 사람들의 의견을 청취하여야 독선적인 결정을 방지할 수 있다. 조직은 공식적·비공식적 조직 등이 있지만 일반적으로 공식적이고 영업적 조직을 의미하는 경우가 많고 직장이라는 테두리 안에서 결성된다. 이처럼 조직이 추상적인 개념인 데 반해 직장은 조직원들이 일을 하는 데 필요한 물리적 장소이자 결속이라는 심리적 안정을 취할 수 있는 공간이다. 한편, 직장 중 영리적 목적을 가진 조직들의 구성체인 기업은 직장 생활을 하는 대표적인 조직으로 노동, 자본, 물자, 기술 등을 투입하여 제품이나 서비스를 산출하는 기관이다.

2) 조직의 구성 요소

조직은 조직목표, 조직구조, 조직문화, 조직의 규칙과 규정으로 구성된다. 첫째, 조직은 달성하려는 목표가 있어야 한다. 이 목표는 조직이 미래에 존재하여야 하는 정당성과 당위성을 제공하고 전체 조직의 전략, 성과 관리, 자원 배분, 시장 세분화, 인력 개발, 혁신 등의 방향을 제시한다. 둘째, 조직구조는 조직 구성원이 조직목표를 달성하기 위해 상호작용할 수 있는 추상적인 명령 계통 체계를 의미하며 일반적으로 조직도에 의해 표현된다.

셋째, 조직문화는 조직이 결성된 이후에 구성원 간 상호작용에 의해 생기게 되는 생활 양식이나 공유하는 가치로 조직 구성원의 행동과 사고에 영향을 미치며 공동체 의식과 정체성을 부여한다. 또한 조직을 안정적으로 유지하게 하는 공통된 업무 패턴이나 심리 및 행동 특성 등을 의미한다. 마지막으로 조직의 규칙과 규정은 조직운영의 일관성을 유지하고 상벌 시 가치 판단 기준을 정하기 위해 조직의 목표나 전략에 따라 수립된다. 규칙과 규정은 효율적인 업무 추진을 위해 수립되기도 하지만 조직 구성원들의 활동 범위를 제약하기도 한다. 업무 규정, 인사 규정, 총무 규정, 회계 규정 등이 이에 속한다.

3) 조직의 기능 및 역할

조직은 일반적으로 조직을 구성하고 있는 각 부서 단위별로 기능과 업무 역할이 분담된다. 각 단위조직 전체의 역할, 단위조직 내 팀의 역할, 팀 내 개인의 역할 등 조직을 구성하는 구성원 개개인까지 책임 업무와 역할이 있다. 예를 들어 어촌해양사업을 진행하는 와바다다(주)의 어촌 마을 컨설팅 조직은 어촌 체험마을 조성 및 컨설팅을 담당하는 마을가꾸기 사업팀, 어촌 관광프로그램 개발 및 해양 관광 종합개발계획을 수립하는 농어촌 관광사업팀, 농수산물 지역 특산품화 사업을 추진하는 어촌 특산품 연구개발팀 등 3개의 팀으로 구성된다.[37]

| 표 3-1 | 와바다다(주) 어촌 마을 컨설팅 조직의 구조 및 역할

팀명	해당 업무
마을가꾸기 사업팀	• 어촌체험마을 조성 사업 • 어촌체험마을 운영컨설팅 사업 • 아리나비, 누리나비, 나카나비 농어촌 프랜차이즈 사업 • 자율관리어업 컨설팅 • 농어촌마을 종합개발계획 수립 • 주민 교육, 정보화 교육, 선진지견학 연수 • 1사 1촌 자매결연 추진 대행 사업
농어촌 관광사업팀	• 어촌 관광프로그램 개발 • 농산물 관광프로그램 운영 • 농어촌 연계 관광프로그램 운영 • 해양 관광 종합계발계획 수립 • 농어촌 관광 관련 인재 육성 사업 • 농어촌 마을 홍보 마케팅 컨설팅 사업
어촌 특산품 연구개발팀	• 수산물 머천다이징(상품화) 사업 • 농산물 지역 특산품화 사업 • 프랜차이즈 시스템 연계 사업 • 농수산물 직거래 연계 사업

2 조직구조

조직의 유형은 공식화 정도, 영리성 유무, 조직의 크기나 규모에 따라 구분할 수 있다. 우리가 일반적으로 알고 있는 기업은 공식 조직이면서 영리를 목적으로 하는 대규모 조직에 해당되고 병원이나 대학 등은 공식 조직이면서 비영리를 목적으로 하는 대규모 조직에 해당된다.

1) 공식화 정도에 따른 분류

① 공식 조직(Formal Organization)

일반적으로 기업이나 공기관 등 조직의 구조, 기능, 규정 등이 조직적이고 기능화되어 있는 조직을 의미한다. 공식 조직은 기능별 조직과 사업부제 조직으로 구분할 수 있는데, 기능별 조직에는 재무, 마케팅, 인사, 운영, 관리, R&D 등의 조직이 있고 사업부제 조직은 시장이나 제품에 따라 여러 사업부가 각각의 기능별 조직을 운영하는 형태이다.

② 비공식 조직(Informal Organization)

개인들의 협동과 상호작용에 따라 형성된 자발적인 집단 조직으로 개인이나 단체의 친목 도모, 취미 활동 등을 위하여 구성된 조직이다. 조직 발전사에 따르면 일반적으로 조직은 비공식조직으로 시작되어 공식화되는 과정을 거쳤다.

2) 영리성에 따른 분류

① 영리 조직(Profit Organization)

기업이나 개인 사업체 등과 같이 이윤을 목적으로 하는 조직을 의미한다.

② 비영리 조직(Nonprofit Organization)

정부 조직을 비롯하여 협회, 학회, 시민단체 등 공익을 추구하는 조직을 의미한다.

---

37) 출처: 와바다다(주)(2015), 어촌 마을 컨설팅 조직, http://www.wabadada.com.

3) 조직 규모에 따른 분류

① 소규모 조직(Small Scale Organization)

가내수공업, 자영업자, 코너샵 등 일반적으로 1인 사업자, 1인 기업 또는 소
규모 종사원을 둔 공식 또는 비공식 조직을 의미한다.

② 대규모 조직 (Large scale organization)

정부, 대기업, 학회 등 규모가 큰 조직을 대규모 조직이라 한다.

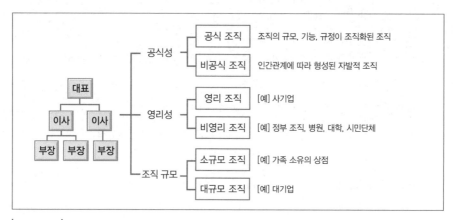

| 그림 3-1 | **조직의 유형 분류**

사례연구 ❶

조직운영의 통념을 버려라

'잘 구성된 조직구조', '톱니바퀴처럼 빈틈없이 돌아가는 각 부서와 기능들', 이것은 대부분의 경영자들이 바라는 조직운영의 이상적인 모습이다. 그러나 최근과 같이 급변하는 경영환경 속에서는 관리에 의한 효율성 극대화가 핵심 성공 요인이던 시대는 지났고 질서 정연한 조직운영이 오히려 변화의 발목을 잡을 수도 있다고 전제하며 LG경제연구소는 조직운영에 대한 혁신적인 제안을 한다. 즉, 잘 짜여진 조직이나 규칙은 구성원들이 새로운 시도를 하지 못하도록 억제할 수 있기 때문에 교과서적인 조직운영에 대한 개선의 필요성을 제시하는 것이다.

본지에서는 2006년 맥킨지 컨설팅사가 전 세계의 1,500여 명의 경영진을 대상으로 실시했던 설문 조사 결과를 제시한다. 10명 중 9명의 경영자가 '향후 비즈니스에서 성공하기 위해서는 어떻게 변할지 모르는 경영환경의 변화를 예측하고 이에 맞춰 신속히 대응할 수 있게 하는 민첩성(Agility)과 스피드가 가장 중요하다.'고 응답한 내용을 토대로 조직의 유연성을 강조한다.

즉, 변화에 신속하게 대응하기 위해서는 명령과 통제에 의한 조직관리는 버리고 상호이해와 부문 간 협력을 시도하여야 한다고 제안한다. 또한 적당한 무질서는 조직에 활력을 불어넣는 묘약이기 때문에 변화가 심한 산업 분야에서는 적당한 무질서 조직을 통해 기업의 발전을 모색할 수 있다고 제안한다.

출처: 한상엽(2007.05.23.)[38]

⌐ 교육적 시사점

- 경직된 조직은 구성원의 창의성을 제약한다.
- 조직은 외부 환경 변화에 따라 유연하고 민첩성 있게 구조를 변화시켜야 발전할 수 있다.
- 명령과 통제가 아닌 자율과 협력의 조직문화를 형성하여야 기업 환경 변화에 신속하게 대응할 수 있다.

---

38) 출처: 한상엽(2007. 05. 23.). 조직 운영의 통념을 버려라. LG주간경제.

사례연구 ❷

미래 조직의 성공 키워드

최근 기업 경영자들이 고민하는 최대 이슈는 '미래의 성공을 위한 바람직한 조직은 어떤 모습일까', '현재의 조직운영 시스템으로 다가올 미래 환경에서도 지속적인 성장을 할 수 있을까'에 대한 의문이다. 글로벌 경쟁이 심화되고 시장 상황이 급변하면서, 불안정한 경영 환경을 돌파할 수 있는 튼실한 조직체계에 대한 관심은 더욱 증가하고 있다. 미래 조직을 설계하기 위해서는 현재에 대한 냉철한 분석과 검토가 선행되어야 한다. 조직의 모든 니즈를 충족시켜 줄 수 있는 완벽한 조직운영 시스템은 현실적으로 존재하기 어렵기 때문에 경영환경의 큰 변화와 흐름을 포착하고 조직의 강점과 약점, 역량 수준과 전략적 목표를 충분히 고려하는 진화론적 접근이 필요하다. 이에 강진구(2007. 12. 12.)는 미래에 경영자가 주목해야 할 조직의 키워드로 '변화(Change)', '지식(Knowledge)', '조화(Combination)', '인간(Human)' 등 네 가지를 제안하였다.

키워드	배경·요인		주요 내용	관련 조직모델의 유형
변화	조직 내·외부 경영환경 급변	▶	• 시장과 고객 중심 • 변화 징후의 선도적 포착 • 변화 대응력의 체질화	팀제 조직, 자율경영 조직(아메바형), 전후 방 조직
지식	지식 기반 사회의 급속 확산	▶	• 지식 역량의 효과적 제고 • 지식 재창출 프로세스의 정착	기술 중심 매트릭스, 학습형 조직, 지식 경영 조직(하이퍼텍스트 조직)
조화	글로벌화, 분권화의 증가	▶	• 기업 내부적, 수평적 통합과 조화 • 기업 외부적 연결과 협력	네트워크 조직, 프로 세스 조직, 횡적 다기 능 조직
인간	인간 가치의 재 발견	▶	• 인본주의적 가치의 중시 • 직원의 참여와 주인의식 고취	민주화 조직, 온라인 민주주의 조직

출처: 강진구(2007. 12. 12.)[39]

> **교육적 시사점**
>
> • 미래의 조직은 자신의 조직특성에 맞는 진화론적 접근 방식으로 구성하여야한다.
> • 성공한 조직은 변화에 대한 냉철한 분석, 지식 재창출, 분권화와 수평적 조직의 통합, 인권 존중이 기반이 될 때 가능하다.
> • 완벽한 조직이 아닌 시대와 환경 변화에 적응하는 조직구조가 필요하다.

---

39) 출처: 강진구(2007. 12. 12.). 미래 조직의 성공 키워드. LG Business Insight.

탐구활동

1. 우리 회사 조직의 특징을 기술해 보자.

구분	조직 종류
미션 및 비전	
경영목적	
인적 자원	• 전체 구성원 수: • 관리자 수:
자금	• 올해 총예산: • 올해 총지출: • 작년 총수입: • 작년 총지출:
경영전략	• 마케팅부: 예) 신제품의 시장 경쟁력 강화 • 인사관리부: • 재무관리부: • 생산관리부:

2. 아래의 조직도 예시를 참조하여 우리 회사의 조직도를 그려보자.

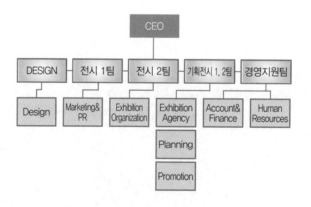

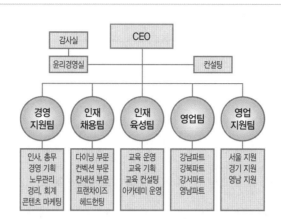

3. 조직을 영리성 기준에 따라 분류했을 때 영리 조직과 비영리 조직에는 어떤 종류가 있는지 기술해 보자.

구분	조직 종류
영리 조직	
비영리 조직	

4. 【사례연구 2】에 따르면 미래 조직의 성공 키워드로 '인간 가치의 재발견'이 있다. 인간 가치에는 무엇이 있는지 작성해 보자.

학습평가

정답 및 해설 p.214

1 다음에 제시된 각 용어의 개념을 간단히 작성하시오.

① 공식 조직:

② 비공식 조직:

※ 다음 문장의 내용이 맞으면 ○, 틀리면 ×에 ✓표시를 하시오. (2~5)

2 조직이 필요한 이유 중 하나는 의사결정 시에 혼자 결정하는 것보다 다양한 사람들의 의견을 청취하여야 독선적 결정을 방지할 수 있기 때문이다. (○, ×)

3 조직은 인건비, 소비자, 조직문화, 조직의 규칙과 규정으로 구성된다. (○, ×)

4 영리 조직과 비영리 조직의 차이는 조직의 목적이 이윤을 추구하는지의 여부이다. (○, ×)

5 조직은 조직 규모에 따라 소규모 조직과 대규모 조직으로 구분할 수 있고 대규모 조직에는 대기업, 정부 등이 있다. (○, ×)

6 다음 중 비공식 조직에 해당하지 않는 것을 고르시오.

① 동호회 ② 산악회
③ 계모임 ④ 기업

7 다음 중 비영리 조직에 해당하지 않는 것을 고르시오.

① 개인 사업체
② 협회
③ 학회
④ 시민단체

조직구조의 효율성을 체크하는 아홉 가지 항목

1. The Market Advantage Test: 조직구조가 우선 순위에 따라 최고경영진이 타깃 역량에 집중할 수 있는 구조로 되어 있는가?

2. The Parenting Advantage Test: 조직구조가 가치 창조가 이뤄지는 분야와 전략적 이행 과제에 충분한 자원과 인재를 공급하고 있는가?

3. The People Test: 조직구조가 인재들의 동기부여, 강점, 약점 등을 잘 반영하고 있는가?

4. The Feasibility Test: 조직구조가 조직 내에서의 계획과 제안들을 실행하는 데에 방해가 되지 않는가?

5. The Specialist Culture Test: 조직 내에서 꼭 필요한 특수 인재들이 조직 내에 만연한 문화로부터 보호되고 있는가?

6. The Difficult Links Test: 부서 간의 협조관계가 이뤄지기 힘들고, 개인적인 인맥에 의해서 일이 추진되는가? 이런 문제점들을 완화시킬 장치들이 있는가?

7. The Redundant Hierarchy Test: 기업 내의 위계관계와 그 위계상의 책무가 담당자들의 경쟁 우위에 기반하고 있는가?

8. The Accountability Test: 업무분장이 잘 되고, 일을 경제적으로 하며, 동기부여되고 있는 매니저들의 부서가 생기거나 일을 잘 해나갈 수 있도록 조직구조가 이뤄져 있는가?

9. The Flexibility Test: 조직구조가 새로운 전략을 생성해 내고, 미래의 변화를 받아들일 수 있도록 되어 있는가?

출처: Goold&Campbell(2002)[40]

---

40) 출처: Goold, M.,&Campbell, A. (2002). Do you have a well-designed organization?. IEEE Engineering Management Review, 30(3), pp. 38~45.

Tip

탁월한 조직을 만드는 4원칙

원칙1. 리더가 조직 구성원의 신뢰와 단결을 구축하고 유지하라.
조직 내 신뢰가 구축되어야 하고, 정치적 행동이 없어야 한다. 회사에 이익이 되고 공감할 수 있는 의사결정이 중요하다.

원칙2. 조직의 비전을 명확히 하라.
비전이 명확한 조직은 구성원들이 회사의 문화, 가치관을 공동으로 향유하기 때문에 업무 효율성이 높아진다. 조직 구성원들은 회사의 설립 목적, 차별화 전략, 목표 등을 숙지하여야 한다.

원칙3. 조직의 비전과 전략에 대해 자주 의사소통하라.
비전을 전 직원에게 명확히 전달하여야 한다. 메시지는 신세대의 의향을 반영한 간단명료한 것이 좋으며, 다양한 매체를 통해 반복적으로 전달하여야 한다. 조직의 비전과 전략을 사내 게임으로 만들어서 배포하면 구성원들이 확실히 숙지할 수 있을 것이다.

원칙4. 구성원의 역량이 비축된 인력 시스템을 구축하라.
조직 구성원의 역량이 집결된 탄탄한 인력 시스템 구축이 수반되면 경영환경 변화가 심해져도 조직은 정체성과 방향성을 잃지 않게 될 것이다.

제2절 조직문화와 조직 관리규칙

1 조직문화의 개념 및 구축 방법

1) 조직문화의 개념

조직문화는 특정 조직이 걸어온 발자취, 즉 그 조직의 경영스타일, 조직원의 행동, 말, 업무형태 등 오랜 기간 동안 조직 구성원이 타당한 것으로 인정하고 조직 내부를 통합할 수 있는 가치, 신념, 규범이다. 과거 한국의 기업 문화가 독과점 경쟁 구조, 자본과 인적 자원 중심의 성장, 위계·연공서열·관료주의적 문화였다면 앞으로는 시장 개방 및 경쟁 심화, 기술과 핵심 역량 중심 성장, 수평적인 조직구조, 성과급제와 같은 혁신적 문화로 전환하여야 조직원의 효율적인 관리가 가능할 것이다. 또한 기업의 전략이나 목표와 일치하는 기업 문화 형성이 필요하다.

2) 조직문화의 필요성

한 조직의 문화는 경쟁력과 창의력에 미치는 영향이 크다. 지금처럼 치열하고 급변하는 경영환경의 변화에 효과적으로 대응하기 위해서는 기업 성패를 좌우하는 경쟁력의 주요 원천 중 하나인 조직문화에 대한 관심을 기울일 필요가 있다. 특히 조직문화가 역동적·진취적이면 조직이 활동적이고 생산성도 높지만 비창의적이고 경직된 조직문화는 조직의 발전을 가로막게 된다. 챌린저 우주왕복선 폭발 사고의 총체적인 원인이 미국 우주 항공 우주국(NASA)의 경직된 문화에 있다고 결론 내린 점[41]은 조직문화가 기업 운영에 얼마나 중요한가를 다시 한 번 생각하게 하는 좋은 예이다.

다른 기업과의 경쟁에서 승리하기 위한 방법으로 조직문화의 중요성을 인식한 많은 기업들은 구성원들을 하나의 구심점으로 결집시키고, 이들의 강한 열정과 에너지를 이끌어 낼 수 있는 조직문화를 형성하기 위해 노력하고 있다. 이렇게 형성된 기업의 독특한 문화적 특성은 경영자의 의사결정이나 구성원들의 생각과 행동에 폭넓은 영향을 미친다. 다시 말해 조직문화는 구성원이 속해 있는 조직에서 중요한 가치가 무엇인지에 대한 믿음을 주고 한마음으로 망망대해를 헤쳐 나갈 수 있게 하는 원동력이 될 수 있다.

---

41) 출처: 조명진(2008), 《세계 부와 경제를 지배하는 3개의 축》, 서울: 도서출판 새로운제안, 본문 참고.

3) 조직문화 구축 방법

조직문화는 공식적 조직 내 비공식적 조직의 형성에 기여한다. 반대로 사내 동호회나 모임 등이 조직문화 형성에 폭넓게 기여하기도 한다. 이러한 활동 외에 조직문화 형성을 위한 추구 가치의 몇 가지 구성 요소를 살펴보면 다음과 같다.

첫째로, 기업의 모든 활동에 지침이 될 수 있는 문화 가치가 있어야 한다. 핵심 가치라고도 하는데 신조, 기본 원칙, 이념 등으로도 표현할 수 있다. 이는 어느 한 기업의 생존 경쟁력으로 장기적인 목표와도 연관된다. 예를 들어 구성원들이 함께 외치고 마음에 새길 수 있는 '전두엽형 인간이 성공한다.', '파괴적인 혁신을 시행하라.'와 같은 가치가 핵심 가치라고 할 수 있다.

문화 가치는 그 자체만으로 조직 구성원들의 구체적인 행동이나 사고를 이끌어 내는 데에는 한계가 있다. 그래서 기업은 문화 가치를 토대로 일상생활에서의 가치 활동이나 업무수행에 적용할 수 있는 규범을 만드는데 주로 행동 규범, 사원 정신, 역할 모델 등으로 표현된다.

마지막으로 추상적인 조직문화의 현상화이다. 조직 내부뿐만 아니라 조직 외부에 있는 사람들까지 알 수 있도록 단순하면서 강력한 메시지를 전달할 수 있는 가시적인 고안물이 필요하다. 가치 선언문, 조직문화 매뉴얼, 포스터, 로고 등으로 표현될 수 있다. 또한 조직문화를 대표하는 사례나 영웅담 등도 지속적으로 제시해 주면 조직문화 형성에 많은 도움이 될 수 있다.

2 조직문화의 이론적 모형

조직문화를 설명하는 이론적 모형은 Quinn&Rohrbaugh(1983)가 제안한 경쟁 가치 모형을 이용한 네 가지 조직문화 유형[42]이 가장 대표적이다. 이 모형은 두 가지 상반된 차원으로 구성되는데 '변화 대 안정'을 한 축으로 하고 '조직 내부 지향 대 외부 환경 지향'을 다른 한 축으로 하여 네 가지 조직문화를 설명한다. '변화 대 안정'에서 변화는 조직의 신축성과 유연성과 관련된 것이고 안정은 통제 및 질서, 효율성과 관련이 있다. '조직 내부 지향 대 외부 환경 지향'에서 조직 내부 지향은 기존 조직의 형태 및 특성을 유지하면서 조직의 조정과 통합에 초점을 두고 있고 외부 환경 지향은 외부 환경과의 상호작용 및 적응과 관련이 있다.

먼저 관계 지향 문화는 인적 자원 문화 모형으로 가족 같은 운명 공동체적 특성이 있고 조직풍토로 참여, 충성심, 편안함을 강조한다. 이 모형에서 성공은 팀워크를 형성하여 구성원에 대한 배려를 통해 가능하다. 두 번째로 혁신 지향 문화는 개방 체계 문화 모형으로 진취적이고 위험을 감수하며 동적이고 도전적인 인재상을 원할 때 사용하는 문화 모형이다. 특히 차별적이고 자유로운 아이디어를 통한 신제품 개발을 성공의 기준으로 삼는다.

신축성(유연성) 및 변화

관계 지향 문화 집단 문화 (인적 자원 문화 모형)	**혁신 지향 문화** 발전 문화 (개방 체계 문화 모형)
위계 지향(서열) 문화 위계 문화 (내부 과정 문화 모형)	**과업 지향 문화** 합리 문화 (생산 중심 문화 모형)

내부 지향　　　　　　　　　　　　　　　　　　　　　　외부 지향

통제 및 질서

| 그림 3-2 | **경쟁 가치 모형과 네 가지 조직문화 유형**

세 번째로 위계 지향 문화는 내부 과정 문화 모형으로 공식적이고 사무적인 업무 분위기에 내부 통제가 심하다는 특징이 있다. 체계적이고 위계가 확실하기 때문에 구성원에 대한 기대치가 예상 가능하고 효율과 효과가 성공 기준이 된다. 마지막으로 과업 지향 문화는 생산 중심 문화 모형으로 경쟁을 통한 생산을 지향하고 시장점유율이 성공 기준이 된다. 경쟁 능력과 생산성 및 업적으로 조직 구성원을 평가하기 때문에 경쟁에서의 승리만을 업무성과로 제시할 수 있다.

---

42) 출처: Parker, R.&Bradley, L.(2000). Organizational Culture in the Public Sector: evidence from six organizations. International Journal of Public Sector Management, 13(2), pp. 125~141; Quinn, R. E.&Rohrbaugh, J.(1983). A Spatial Model of Effectiveness Criteria: Towards a Competing Values Approach to Organizational Analysis. Management Science, 29, pp. 363~377.

3 조직의 규칙(규정)

조직의 규칙 또는 규정은 조직운영의 일관성을 유지하고 상벌 시 가치 판단 기준을 정하기 위해 조직의 목표나 전략에 따라 수립된다. 규칙과 규정은 효율적인 업무 추진을 위해 수립되기도 하지만 조직 구성원들의 행동 범위를 정하거나 제약하기도 한다. 업무 규정, 인사 규정, 총무 규정, 회계 규정 등이 이에 해당한다. 이러한 규칙과 규정이 강화되면 규제라는 명목하에 기업 운영에 부정적인 요소로 작용할 수 있기 때문에 적절하고 자율적인 규제를 강조하는 기업들도 생겨나고 있다.

조직 관리규칙(규정)은 조직 구성원이 따라야 하는 규범이나 규칙을 명문화한 문서로 효율적인 조직 관리, 업무의 간소화 및 표준화를 통하여 업무 능률을 향상하기 위해 만들며 생산 제품의 규격, 불만 처리 규정, 설비 관리 규격, 포장 규격 등을 포함한다. 다음은 생산 시스템의 사내 표준화 체계를 위한 관리규정에 포함될 요소를 나타내는 다이어그램이다. 대기업의 경우 조직 관리규정 등을 홈페이지에서 간단하게 소개하고 있다.

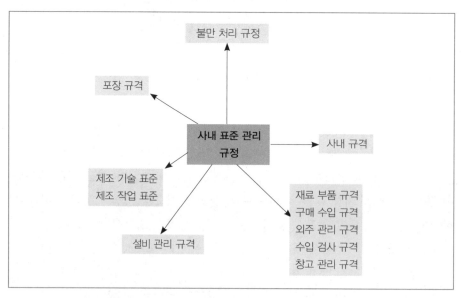

| 그림 3-3 | 생산 시스템의 사내 표준화 체계를 위한 관리 규정 예시

사례연구

곤충에게 배우는 조직문화와 규칙

흔히 곤충이나 벌레를 보면 인생사가 보인다고 한다. 이는 벌이나 개미가 식량을 비축할 때의 모습에서 유래한 말이다. 특히 벌은 사회성을 가진 전형적인 곤충이다. 예를 들어, 밀원이 되는 꽃을 한 마리의 꿀벌이 발견하면 단 몇 분도 되지 않아 많은 동료가 함께 꽃으로 밀려 와서 벌꿀을 채취한다. 원리는 다음과 같다. 최초로 꽃을 발견한 꿀벌이 동료 꿀벌이 모인 곳으로 날아가서 춤을 추는데 이 때 춤의 다양한 모양새가 벌들에게는 밀원이 되는 꽃이 있는 장소를 알려준다. 즉, 춤사위가 하나의 신호가 되며 엉덩이를 흔드는 것은 '거리'를, 춤추는 시간은 '밀원의 질'을 나타낸다. 이 춤을 보고 동료 꿀벌들이 우선적으로 날아가서 꿀을 채취하게 된다.

인간의 조직에 비유하면 발견자가 정보를 리더에게 전하고, 그의 지시에 의해 부하가 현장으로 향하는 것과 같다. 꿀벌 세계에서는 조직이라는 개념이 없지만 무의식 중에 하는 특정 신호에 따라 행동을 취하면 벌꿀을 얻을 수 있다는 오랜 경험에 의해 이러한 현상이 나타나게 되는 것이다.

◢ 교육적 시사점

• 세상의 모든 생물은 나름대로의 문화와 전달 체계가 있다. 꿀벌에게는 춤이
  그들만의 문화이고 춤이라는 몸짓 언어로 의사소통한다.
• 문화는 조직 구성원들 간의 약속이다. 공유된 문화는 의사소통에 효과적이고
  문화 공유를 통해 업무를 빠르고 신속하게 처리할 수 있다.

탐구활동

1. 내가 속한 조직의 문화를 나열하고 회사 생활에 어떤 도움이 되는지 알아보자.

구분	조직문화	회사 생활에 도움되는 점
기업 문화		
부서 문화		
동아리 문화		

2. 우리 회사는 조직문화 확산을 위해 어떤 노력을 하고 있는지 조사해 보자.

> [예시]
> 1) 근무복의 자율화
> 2) 출퇴근 시간의 자율화

조직문화 확산을 위한 노력:

3. 우리 회사의 주요 규칙이나 규정을 정리해 보자.

구분	자료명	규칙(규정) 내용
기업 전체 규정		
부서 규정		

4. 우리 회사의 규정 중 내가 업무에 활용할 수 있는 규정은 무엇이 있는지 살펴보자.

규정	나의 업무에서의 필요성
기업 전체 규정	
부서 규정	

학습평가

정답 및 해설 p.214

1   다음에 제시된 각 용어의 개념을 간단히 작성하시오.

개념	의미
조직문화	
조직 관리규칙(규정)	

※ 다음 문장의 내용이 맞으면 ○, 틀리면 ×에 ✓표시를 하시오. (2~5)

2   한 조직의 문화는 경쟁력과 창의력에 미치는 영향이 크다. (○, ×)

3   조직의 문화가 비창의적이고 경직되면 조직의 활동성과 생산성이 높아진다.
     (○, ×)

4   조직의 규칙 또는 규정은 조직운영의 일관성을 유지하고 상벌 시 가치 판단의
     기준이 된다. (○, ×)

5   Quinn&Rohrbaugh(1983)의 조직문화 유형은 '변화 대 안정'을 한 축으로 하고 '조
     직 내부 지향 대 외부 환경 지향'을 다른 한 축으로 하여 조직문화를 설명한다.
     (○, ×)

6   조직문화를 형성하기 위한 방법이 아닌 것을 고르시오.

     ① 기업 활동 지침이 될 수 있는 문화 가치가 필요하다.
     ② 조직 내부에서만 알 수 있는 문화가 필요하다.
     ③ 업무수행에 적용할 수 있는 규범 형성을 위한 문화 가치가 필요하다.
     ④ 단순하고 강력한 메시지가 필요하다.

7   Quinn&Rohrbaugh(1983)의 조직문화 유형이 아닌 것을 고르시오.

     ① 관계 지향 문화   ② 과업 지향 문화
     ③ 사회주의 문화   ④ 위계 지향 문화

8   조직규정의 종류가 아닌 것을 고르시오.

     ① 상법   ② 인사 규정
     ③ 업무 규정   ④ 회계 규정

Tip

임시조직 관리규칙 – 사회보장 정보원

우리 조직이 막 시작하는 조직이면 아래의 관리규칙을 토대로 사내 관리규칙을 만들어 보자. 해당 사례는 학술 조직인 한양관광포럼의 회칙의 일부이다. 더욱 자세한 내용은 한양관광포럼 홈페이지(http://cafe.daum.net/HanTF)를 참고하자.

제1장 총 칙

제1조(명칭) 본회는 '한양관광포럼'이라 칭한다.
　제1항(창립) 본회는 2004년 한양대학교 일반대학원 박사과정 동기생모임을 모태로 하여 전·후기 기수 중 가입을 원하는 회원을 중심으로 2007년 3월 2일 정식 발족한다.

－ 중 략 －

제3조(비전) 본회는 친목도모 뿐만 아니라 장기적으로 관광학 발전에 기여하며, 향후 관광관련 학회지 편찬과 학회설립의 초석으로서의 역할도 고려한다.
제4조(회기연도) 본회의 회기연도는 당해 연도 3월 1일부터 익연 2월 말일로 한다.

제3장 임 원

제1조(구성) 본회의 임원은 아래 제1항에 의해 구성된다.
　제1항(임원) 본회의 임원은 기본적으로 회장 1명, 총무 1명으로 구성한다.
제2조(자격) 본회의 회원은 누구나 임원으로 선출될 수 있다.
제3조(회장) 회장은 본회의를 대표한다.
　제1항(선출) 회장은 매년 2월 정기 모임에서 모임참석 회원 2/3 이상의 동의를 얻어 선출한다. 단, 불가피한 사유로 회장 선출이 지연될 경우 당해 연도 5월 말까지 임시회를 개최하여 회장을 선출해야 한다.
　제2항(임기) 회장의 임기는 1년으로 하며, 사고 및 기타 사유로 임기 중 사임할 경우 남은 임기 동안 임시 모임에서 선출된 자 또는 직전 회장의 지명을 받은 자가 회장직을 수행한다.
　제3항(권한) 회장은 총무와 그 외 임원을 임명하고 해임할 수 있으며 회비를 관리하고 모임을 소집할 수 있는 권한을 가진다.
제4조(총무) 총무는 회장의 운영을 돕고 회원 간 원활한 연락을 위해 연락책으로서 임무를 분담하고 회장과 상의 회비를 관리한다.
　제1항(선출) 매년 2월 정기 모임에서 회장의 지명에 의해 임명된다. 단, 불가피한 사유로 총무 선출이 지연될 경우 당해 연도 5월 말까지 회장이 총무를 선출해야 한다.
　제2항(의무) 매년 2월 정기 모임에서 해당연의 회비운영 내역을 공개하고, 월별 회비 사용 내역을 회원들에게 메일로 발송한다.

－ 중 략 －

부 칙

이 회칙은 2007년 3월 2일부터 시행한다. 또한 회칙 개정이 필요할 경우 회장의 발의하에 정기모임 시 회의를 거쳐 개정할 수 있다.

출처: 한양관광포럼[43]

---

43)　출처: 한양관광포럼. http://cafe.daum.net/HanTF.

제3절 조직의 의사소통 및 갈등 관리

1 의사소통의 개념 및 중요성

의사소통은 개인과 개인, 개인과 집단, 집단과 집단 등이 가진 정보를 상호 교환하는 과정이다. 의사소통 방법은 말로 표현하는 언어적 요소와 표정, 몸짓, 자세 등의 비언어적 요소로 구분되며 보내는 사람(송신자), 받는 사람(수신자), 정보, 전달 매체, 반응으로 구성된다. 송신자는 정보를 보내는 사람으로 문제 발생또는 조언 등 의사소통의 필요를 느껴 과거의 경험에 입각하여 적절한 단어나 표현을 선택하여 언어적 또는 비언어적 방법으로 수신자에게 정보를 전달한다. 수신자는 송신자가 보낸 정보를 받아들이는 사람이고 반응은 수신자의 태도, 감정등을 의미한다.

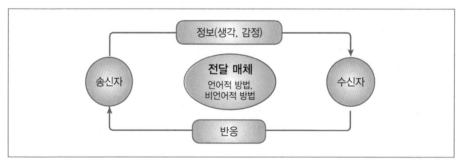

| 그림 3-4 | **의사소통의 구성 요소**

조직 구성원들은 업무수행 과정에서 상사와 부하직원, 상사와 상사, 부하직원과부하직원 상호 간에 지속적으로 의사소통한다. 이러한 조직 내 의사소통은 조직의 각 부서에 업무를 맡기고 다양한 정보를 제공해 준다는 점에서 인체의 혈액순환과 비교된다. 또한 원활한 의사소통은 조직신뢰와 조직몰입 및 직무 만족에영향을 미칠 뿐만 아니라 정서적으로도 공감대를 형성하여 업무 향상에 기여한다.[44] 하지만 의사소통이 부족하거나 소통 과정에 오해가 있으면 조직 구성원 간의 갈등을 유발하는 원인이 되기 때문에 효과적인 의사소통 방법을 활용할 필요가 있다.

2 의사소통의 유형

1) 공식적 의사소통과 비공식적 의사소통

① 공식적 의사소통(Formal Communication)

공식적 조직 내에서 공식적 통로와 수단에 의하여 공개적으로 실시하는 의사소통으로 '누가', '누구에게', '어떤 내용을', '어떤 수단을 이용하여' 전달할 것인지가 공식적 문서로 규정되어 있고 이에 근거하여 의사를 전달하는 방식이다. 공식적 의사소통은 전달자와 피전달자 간에 권한과 책임관계가 명확하고 의사소통이 확실한 반면 유연성이 부족하고 소통이 느리다는 단점이 있다. 또한 조직 내 모든 이슈나 사정을 사전에 예측하여 합리적인 의사소통을 완전히 구사하는 것은 불가능하기 때문에 비공식적 의사소통의 보완이 필요하다.

② 비공식적 의사소통(Informal Communication)

비공식적 의사소통은 조직의 자생 집단 내에서 비공식적 방법으로 이루어지는 의사소통으로 조직문화의 전달이나 구성원들의 감정을 잘 나타내는 수단이 될 수 있고 사회심리적인 만족감과 조직 구성원의 조직 적응력을 높여주는 효과가 있다. 하지만 비공식적인 의사소통은 업무장소 또는 업무시간 이외에 이루어지는 경우가 많기 때문에 통제가 곤란하고 공식적인 권위관계를 파괴하며 업무나 문제의 조정을 더 곤란하게 한다는 단점이 있다.

2) 수직적 의사소통과 수평적 의사소통

① 수직적 의사소통(Vertical Communication)

수직적 의사소통은 상명하달식의 전통적인 조직에서 사용하는 방식으로 명령과 일반 정보의 주입식 전달이 대부분을 차지한다. 명령은 지시, 훈령, 발령, 규정, 규칙, 요강, 고시, 회람 등을 구두 또는 문서로 전달하는 것이고 일반 정보의 제공은 조직 또는 조직의 업무에 관한 지식을 구성원들에게 알려주기 위해 편람(Manual), 핸드북(Handbook), 뉴스레터(Newsletter), 구내 방송, 강연 등의 방식으로 이루어진다. 보고는 가장 공식적인 것으로 조직 책임자는 보고에 의해서 필요한 의사결정이나 명령을 내릴 수 있다.

---

44) 출처: 백유성(2013), 의사소통이 조직신뢰와 노조몰입에 미치는 영향: 코레일 경북본부 구성원들을 중심으로, 질서경제 저널. 16(4). pp. 83~98.

② 수평적 의사소통(Horizontal Communication)

수평적 의사소통은 동일 계층의 사람들 또는 상하관계에 있지 않는 사람들 사이에 이루어지는 의사소통이다.

3) 언어적 의사소통과 비언어적 의사소통

① 언어적 의사소통(Verbal Communication)

언어적 의사소통은 말, 즉 구어로 하는 의사소통으로 직원 회의, 위원회, 인터뷰 등이 이에 해당한다. 언어적 의사소통 시 취향이나 감정에 근거한 의사소통은 지양해야 한다.

② 비언어적 의사소통(Non-verbal Communication)

비언어적 의사소통의 수단으로는 눈짓, 몸짓, 웃음, 말의 속도, 목소리의 높고 낮음, 입술의 경련, 얼굴의 붉어짐, 눈물 등이 있다.

3 갈등 관리

1) 갈등의 개념 및 발생 원인

갈등은 개인 또는 집단 간에 추구하는 목표나 이해관계가 달라 서로를 적대시하거나 육체적, 심리적 공격으로 인해 문제가 발생한 상태를 의미한다. 기업이나 조직 내 갈등은 의사결정을 지연시키고 다행히 갈등이 해결되더라도 갈등의 불씨는 남아 있기 때문에 업무나 프로젝트 진행이 제대로 되지 않는 경우가 많다. 갈등의 주요 원인을 요약하면 다음과 같다.

① 자원의 공동 분배 결정 시

어떤 조직이나 집단이 한정된 자원을 공동으로 분배하여 사용하기 위해서 공동 의사결정을 하여야 할 때 집단 간에 가장 많은 갈등이 발생한다.

② 목표와 이해관계의 차이

둘 이상의 서로 다른 구성원이 양립할 수 없는 목표를 동시에 추구할 때 생기는 갈등이 있다. 서로 다른 조직이나 집단 간뿐만 아니라 동일한 조직 내에서도 각 부처 간의 목표나 이해관계가 다를 때에도 갈등이 발생한다.

③ 현실에 대한 인식의 차이

각 구성원들이 의사결정을 둘러싸고 문제해결 방식이나 현실에 대한 감각이 다를 경우에 갈등이 발생한다. 즉, 조직 내의 의사전달 과정상에서 정보가 왜곡되면 그 정보를 받은 결정자의 현실 감각이 왜곡되어 갈등이 발생할 수 있다.

갈등은 과업(Task) 갈등과 관계(Relational) 갈등으로 구분할 수 있다. 과업 갈등은 조직 구성원들이 목표, 주요 의사결정 사항, 목표 달성을 위해 취해야 할 행동 등의 과업 이슈에 대해 서로 다른 의견을 가지고 있을 때 발생한다. 한편, 관계 갈등은 구성원 상호 간에 있어 적대감, 부정적 감정 등으로 인해 충돌이 발생하는 경우를 의미한다.[45]

2) 갈등 관리의 개념

갈등 관리는 우선적으로 예상되는 갈등을 분석하고 이해 당사자들 간에 문제에 대해 논의하고 합의 절차를 통해 문제해결 방안을 결정하거나 갈등 조정 절차를 거치는 것을 말한다. 건설적으로 갈등을 관리하기 위해서는 성과 제고에 긍정적인 영향을 미치는 과업 갈등이 일어나는 것을 장려하되, 과업 갈등이 자신을 방어하거나 공격하게 되는 관계 갈등으로 전환되지 않도록 유의하여야 한다. 한편, 건설적 갈등을 관리하는 데 있어 중심적인 역할을 해야 하는 사람이 바로 리더이기 때문에 리더는 조직 내에서 다양한 의견이 제시될 수 있는 분위기를 형성하여야 한다. 또한 논쟁이나 논의 시 개인의 특성이나 관계보다는 사안 자체에 중점을 두고 토론이 이루어지도록 유도하여야 하고 논쟁이 격화되어 사사로운 감정이 개입된 공격이 발생할 경우 이를 해결하는 역할도 하여야 한다. 이것이 건설적 갈등 관리 기법이다.[46]

3) 갈등 관리 기법

① 승패의 접근

- Win-Lose Approach: 지나치게 갈등이 적을 경우 구성원은 안일해질 수 있기 때문에 이기려는 경쟁심을 자극하여 창의력과 단결심을 고취하기 위

---

45) 출처: 김범열(2007. 05. 23.). 건설적 갈등 창출하기. LG주간경제. 본문 참고.
46) 출처: 김범열(2007. 05. 23.). 건설적 갈등 창출하기. LG주간경제. 본문 참고.

한 접근 방법이다. 하지만 과도하면 패자가 복수심을 가지게 되는 경우도 있으니 적정한 수준의 경쟁심 유발을 고려하여야 한다.

- Win-Win Approach: 갈등 당사자들이 문제의 해결에 창의력을 쏟아 결국 당사자들의 요구를 동시에 충족하고 보상을 받는 접근이다. 감정과 취향보다는 사실에 근거하여 건전한 판단력과 우호적인 분위기를 형성하여 갈등을 해소시킬 수 있다.

② 무마

무마는 문제가 발생하면 그것을 근본적으로 해결하기보다 우선 큰 문제가 발생하지 않도록 덮어두는 방법으로 이러한 방식은 문제를 더 악화시키는 경향이 있어 가장 비효과적 조직에서 흔히 나타나는 현상이다.

③ 협상과 타협

갈등을 해결하기 위해 양 당사자가 최초의 주장을 어느 정도 양보하는 협조적 문제해결 방법으로 양 당사자는 문제해결 과정에 공동으로 참여하며 협조하려는 의도와 조직 전체의 복리를 증진하는 데 기여하겠다는 상호이해가 필요하다.

④ 회피

갈등을 취급하기 위해 흔히 회피(무관심, 퇴행, 평화로운 공존) 접근을 이용하는데 회피는 잠재적 갈등이 현실에서는 실제 해결될 수 없거나 그것을 해결하기 위해서 시간과 자원을 소비할 만큼 중요하지 않을 경우에 사용하는 방식이다. 그러나 회피를 사용하면 갈등의 소지는 결국 그대로 남아서 언젠가 표면화되어 더욱 심각한 갈등 형태로 발전되는 경우도 종종 있다.

사례연구

조직 내 갈등은 폭력만 낳는다 - 이랜드 사태로 본 갈등의 결말

조직 내 갈등이 발생하면 해결 과정에서 비폭력을 주장하지만 종국에서는 폭력적인 사태로 변화는 경우가 많다. 대부분의 노사분규가 그러하다. 이랜드 사태 역시 비정규직 문제로 인해 노동자와 노조는 매장을 점거하고 사측에서는 공권력 투입을 함으로써 결국 폭력 사태로 전개된 양상을 보였다.

그 당시 회사 측에서는 나름대로 노조를 진정시키기 위해 비정규직 대량 해고를 사실 무근이라고 주장하였고 노조 측은 노조가 요구하는 조건에 대해 회사 측에서 진전된 방안을 제시하지 않는다고 주장하면서 갈등 해결에 진전이 없었다. 이렇게 두 집단이 양보하지 않고 서로 맞서면서 점거 농성은 계속 이어져 갔고 결국 관련 업체 및 소비자에게만 피해를 입히는 모양새가 되었다.

결국 이랜드 사태의 새로운 사측인 삼성 테스코 홈플러스와 노조가 합의하면서 500여 일간의 갈등은 마무리되었다.

◢ **교육적 시사점**

• 단기적인 인건비 절약보다는 장기적인 기업 이미지 유지가 더 중요하다.
• 과도한 갈등은 회사 측과 근로자 측 모두에게 시간적·비용적으로 불이익을 주게 된다.
• 갈등은 결국 더 큰 피해를 양산하기 때문에 갈등이 생기면 양측은 서로 양보를 하려고 노력하여야 한다.

탐구활동

1. 다음은 조직 내 또는 조직 외부 파트너와의 의사소통 시 피해야 할 행동들을 정리한 것이다. 왜 이러한 행동을 조심하여야 하는지 그 이유를 작성해 보자.

피해야 할 의사소통 방식	이유
명령, 지시, 요구, 강요	상대방에게 분노, 적대감 유발
경고, 위협	
훈계, 설교, 충고	
자기 주장만으로 설득, 논쟁	
비난, 책임 전가	

2. 다음은 내가 아무리 원해도 대화가 단절되어 버리는 '교차대화'(자동차가 서로 교차하면서 자기만의 방향으로 향해 가듯 대화의 주제가 서로 다르게 나타나는 것)의 예시다. 이 대화를 '상보대화'(두 사람의 대화 내용이 끊어지지 않고 잘 이어지는 대화)로 전환하려면 대화를 어떻게 이어 가야 할지 빈 칸에 그 내용을 작성해 보자.

[교차대화 예시]
A: 지금 몇 시쯤 됐어요?
B: 시계 저기 있는데?

[상보대화로 전환]
A: 지금 몇 시쯤 됐어요?
B:
A:
B:
A:

3. 좋은 대화법은 어떤 것이 있는지 인터넷 검색을 통해 이를 작성해 보자.

1) 따지기만 해서는 이길 수 없다.

2) 좋은 말만 한다고 해서 좋은 사람이라고 평가받는 것은 아니다.

3) 말의 내용과 행동을 통일시켜라.

4) _____

5) _____

6) _____

7) _____

8) _____

9) _____

10) _____

4. 우리 조직에서 발생하는 갈등을 조사해 보고 갈등을 해소하거나 적절하게 관리하기 위해 내가 할 수 있는 일을 작성해 보자.

갈등 내용	갈등 관리를 위해 내가 할 일

학습평가

정답 및 해설 p.214

1 다음에 제시된 각 용어의 개념을 간단히 작성하시오.

① 의사소통:

② 공식적 의사소통:

③ 비공식적 의사소통:

④ 언어적 의사소통:

⑤ 비언어적 의사소통:

⑥ 갈등:

⑦ 갈등 관리:

2 다음 의사소통의 구성 요소 중 ①~③에 알맞은 단어를 채워 넣으시오.

3 비언어적 의사소통 수단은 어떤 것이 있는지 세 가지 이상 기술하시오.

①

②

③

※ 다음 문장의 내용이 맞으면 ○, 틀리면 ×에 ✓표시를 하시오. (4~6)

4 동일 계층의 사람들 또는 상하관계에 있지 않은 사람들 사이에 이루어지는 의사소통은 수직적 의사소통이다. (○, ×)

5 갈등은 개인 또는 집단 간에 추구하는 목표나 이해관계가 달라 서로를 적대시하거나 육체적, 심리적 공격으로 인해 문제가 발생한 상태를 의미한다. (○, ×)

6 업무 추진 시 적절한 갈등은 오히려 조직의 긍정적 변화를 초래하고 구성원이 창조적이고 도전적인 정신으로 목표 달성을 위해 노력하게 하는 원동력이 된다. (○, ×)

7 갈등이 발생하는 주요 원인이나 시점으로 가장 적절한 것을 고르시오.
  ① 조직의 자원과 자본이 풍부할 때
  ② 상호 합의하는 공통된 조직문화가 확산될 때
  ③ 현실에 대한 공통된 인식
  ④ 목표와 이해관계의 차이

8 갈등 관리 기법 중 '문제가 발생하면 그것을 근본적으로 해결하기보다 우선 큰 문제가 발생하지 않게 덮어두는 방법'에 해당하는 기법을 고르시오.
  ① 무마
  ② 협상과 타협
  ③ 회피
  ④ 승패의 접근

효과적인 의사소통과 인간관계를 위한 자가 진단법

1. 자기 개방 모형 진단(Johari's Window)

아래에 인간관계에서 나타날 수 있는 일반적인 행동 양식이 기술되어 있다. 각 항목들이 자신의 행동 양식을 얼마나 잘 나타내는지를 0(전혀 그렇지 않다)∼10(매우 그렇다)까지의 점수로 표시해 보자.

1. 나의 일에 대해 다른 사람(상사, 동료, 부하, 친구)으로부터 이런저런 잔소리를 들으면 기분이 나쁘다.

2. 다른 사람에게 자기 일을 이것저것 말하는 사람은 속이 얕은 사람이라고 생각한다.

3. 남의 말을 듣고 있는 중, 지루해지면 "요컨대 이러한 말이지?"라고 말의 허리를 자르는 일이 많다.

4. "그는 신비하다."라고 말해질 만큼 자신의 정체를 보이지 않는 것이 좋다.

5. 다른 사람(상사, 동료, 부하, 친구)이 무엇이라고 말하건 구애받을 필요는 없다.

6. 하고 싶은 말이 있어도 꾹 참고 속으로 혼자 처리하는 일이 많다.

7. 다른 사람(상사, 동료, 부하, 친구)으로부터 여러 가지 고민 얘기나 상담을 받는 일은 거의 없다.

8. 타인의 일이나 의견에 대하여 의논을 하거나 자신의 생각을 말하여 주지 않는다.

9. 타인으로부터 주의를 받거나 비판을 받으면 무의식적으로 반론하고 싶어진다.

10. 자신의 기분이나 생각을 정직하게 이야기하기보다는 애매모호하게 흐리는 경우가 있다.

번호	1	3	5	7	9	총점(X)
값						0
번호	2	4	6	8	10	총점(Y)
값						0

2. 조해리의 창(Johari's Window) 해석

나의 인간관계는 어떠한가? 나의 인간관계는 어떤 유형에 속하는가? 나는 다른 사람에게 나의 모습을 잘 내보이는가? 또 다른 사람이 나에 대해서 어떤 생각을 가지고 있는지 잘 아는가? 인간관계에서 나 자신을 다른 사람에게 내보이는 일은 매우 중요하다. 이를 자기 공개(Self-Disclosure)라고 하는데 이는 인간관계를 심화시키는 중요한 요인이다. 자기 공개 유형을 아는 것은 나 자신을 발견하는 데에도 효과적이다.

> X축과 Y축의 총점이 아래 도표에서 어떤 영역에 속하는지를 보고 자신의 유형을 결정한 다음 ① ~ ④번의 설명을 보고 자기 자신을 판단해 보자.

1) 개방 영역(Open Area, 개방형)

느낌, 생각, 행동 등이 자신이나 타인에게 잘 알려진 영역으로 공개적 영역이 가장 넓은 사람이다. 개방형은 대체로 인간관계가 원만한 사람들이다. 인간관계를 형성하기 위해서는 개방 영역을 빠른 시간 내에 넓혀가야 한다. 이들은 적절하게 자기 표현을 할 뿐만 아니라 다른 사람의 말도 잘 경청할 줄 아는 사람들로서 다른 사람에게 호감과 친밀감을 주어 인기가 있다. 그러나 지나치게 공개적 영역이 넓은 사람은 말이 많고 주책스럽거나 경박한 사람으로 비쳐질 수도 있다.

2) 시각장애 영역(Blind Area, 자기주장형)

자신의 모습이 타인에게는 알려져 있으나 자신은 알지 못하는 영역으로 자신만 모르는 영역이 가장 넓은 자기주장형이다. 이들은 자신의 기분이나 의견을 잘 표현하며 나름대로의 자신감을 지닌 솔직하고 시원시원한 사람일 수 있다. 그러나 이들은 다른 사람의 반응에 무관심하거나 둔감하여 때로는 독단적이며 독선적인 모습으로 비쳐질 수 있다. 이 영역이 넓은 사람은 눈치가 없고 둔한 사람으로 타인이 보기에는 개선할 점이 많으나 자신은 깨닫지 못하는 사람이다. 또한 자기 주장이 강하고 자기 도취적인 사람이거나 이와는 반대로 자존감이 낮아 자신의 좋은 점을 인식하지 못하고 있는 사람임을 암시한다. 이 영역은 타인으로부터 얼마나 피드백을 받느냐에 따라 달라질 수 있다. 따라서 자기주장형은 다른 사람의 말에 좀 더 진지하게 귀를 기울이는 노력이 필요하다.

3) 은폐 영역(Hidden Area, 신중형)

자신에 대해 자신은 알고 있으나 타인은 알지 못하는 영역으로 신중형으로서 숨겨진 영역이 가장 넓은 사람이다. 이들은 다른 사람에 대해서 수용적이며 속이 깊고 신중한 사람들이다. 또한 다른 사람의 이야기는 잘 경청하지만 자신의 이야기는 잘 하지 않는 사람들이다. 이들 중에는 자신의 속마음을 잘 드러내지 않는 크레믈린 형의 사람이 많으며 계산적이고 실리적인 경향이 있다. 따라서 타인은 그가 어떤 생각, 느낌을 갖고 있는지 알 수 없어 쉽게 접근해 오지 않는다. 이러한 현상은 자신을 수용하지 못하는 데서 기인하기 때문에 자기를 은폐시키고 드러내지 않으려 하며 자기 개방이 두려워 불안해 하고 긴장하는 경향이 강하다. 이러한 신중형은 잘 적응하지만 내면적으로 고독감을 느끼는 경우가 많으며 현대인에게 가장 많은 유형으로 알려져 있다. 이 영역을 축소시키기 위해서는 자기 개방을 통해 다른 사람과 좀 더 넓고 깊이 있는 교류를 해야 한다.

4) 미지 영역(Unknown Area, 고립형)

나도 모르고 친구도 모르는 영역으로 미지의 영역이 가장 넓은 고립형이다. 그러나 자신에 대해 지속적인 관심을 갖고 통찰을 하면 모르는 부분을 알게 된다. 이들은 인간관계에 소극적이며 혼자 있는 것을 좋아하는 사람들이다. 따라서 다른 사람과 접촉하는 것을 불편해 하거나 무관심하여 고립된 생활을 하는 경우가 많다. 이런 유형 중에는 고집이 세고 주관이 지나치게 강한 사람도 있으나 대체로 심리적인 고민이 많으며 부적응적인 삶을 살아가는 사람들도 많다. 고립형은 인간관계에 좀 더 적극적이고 긍정적인 태도를 가질 필요가 있다. 인간관계의 개선을 위해서는 일반적으로 미지의 영역을 줄이고 공개적 영역을 넓히는 것이 바람직하다.

출처: Silverwood Books(2014)[48] 재인용.

Tip

직장에서의 갈등 극복 원칙들

1. 가장 중요한 목표에 집중하라

사람들은 종종 갈등이 빚어졌을 때, 최초의 단계에서 세워놓았던 목표는 까맣게 잊은 채 다른 사람들과 다투는 데 모든 노력을 다 쏟곤 한다. 그렇다면 어떻게 해야 처음에 달성코자 했던 목표에 계속 집중을 할 수 있을까.

루디 크루는 그의 재임 기간 동안 그를 '흑인'이라고 지칭하며 깎아내리는 경쟁자를 만난 적이 있었다. 그는 그 경쟁자에게 맞서 대응할 수 있는 여러 가지 방법을 알고 있었지만 그것을 실행하지는 않았다. 상대의 비난이 거세질수록 자신의 업무에 오히려 더 매진했다. 그는 치사한 방법으로 공격하는 이들을 일일이 상대할 수도 있었다. 하지만 자신의 중요한 업무는 학교와 학생을 위해 더 나은 교육 프로그램을 만들고 시행하는 것이라는 사실을 잊지 않았다. 그리고 얼마 지나지 않아 그를 흑인이라고 부르며 공격했던 경쟁자는 결국 낙마하고 말았다.

2. 크게 문제가 되지 않는 것들을 가지고 싸우지 말라

이 말은 더 중요한 것, 더 큰 것을 보고 움직이라는 뜻이다. 캘리포니아 의과 대학의 유방암 수술의 권위자 로라 에서만 박사는 유방암 진단을 받을 수 없는 가난한 여성들을 위한 무료 진단 활동에 참여한 적이 있다. 그런데 한번은 이 활동을 위해 후원을 하던 업체에서 돌연 지원 약속을 취소하여 대상자들이 더 이상 진단을 받을 수 없는 지경에 이르렀다.

그녀는 이 활동을 지속하려는 노력을 통해 얻을 수 있는 것보다는 잃을 것이 더 많겠다고 판단했다. 로라 에서만 박사의 유방암 연구는 전 세계 유방암 환자들에게 영향을 미칠 만한 수준이었기 때문에 만약 가난한 여성을 위한 무료 진단 활동을 실현하기 위해 고집을 부려 자신의 프로젝트 전체가 중단된다면 소탐대실하는 격이나 마찬가지였기 때문이다.

결국 로라 에서만 박사는 이 활동을 중지시켰고 이후 병원 내 주요 임직원들과의 관계는 좋아졌다. 그리고 병원은 그녀의 유방암 진단 및 수술 분야 연구를 위해 더 큰 예산을 배정했다.

3. 서로 역지사지할 수 있는 공감의 토대를 마련하라

사람들마다 각기 다른 목표와 수단이 있다는 것을 이해하는 것은 세상을 바라보는 사람들의 관점, 판단 기준을 이해하는 데 도움이 된다. 즉 다름을 인정하는 데에서 타인과 이 세계에 대한 이해가 시작되는 것이다. 그러니 누군가와 의견이 대립되거나 다툼이 있다고 해서 상대방에게 악의적인 의도가 있다고 생각하는 것은 금물이다.

---

47) 출처: Silverwood Books(2014). Johari's Window. Silverwood Books.

4. 옛말 틀린 것 하나 없다. 친구는 가까이, 적은 더 가까이 두어라

린든 존슨 대통령은 재임 기간 내내 정말 대하기 까다로운 사람을 가까이 두고 있었다. 말 많고 탈 많던 초대 FBI 국장 J. 에드가 후버가 바로 그 사람이었다. 어느 날 누군가 린든 존슨 대통령에게 왜 그렇게 J. 에드가 후버와 대화하는 데 많은 시간을 쏟느냐, 왜 그를 그렇게 옆에 가까이 두려고 하느냐고 물었다. 그러자 그는 다음과 같이 대답했다고 한다. "그것은 그(J. 에드가 후버)가 밖에서 문제를 일으키는 것보다는 안에서 문제를 일으키게 만드는 것이 낫기 때문이죠."

다루기 까다로운 사람, 나를 적대시하는 사람을 가까이 두라는 조언은 누구나 할 수 있다. 하지만 그것을 일상생활에서 실행하는 것은 무척이나 어렵다. 사람이라면 누구나 편한 관계를 원한다. 불편한 것은 피하고 싶어 하기 마련이다. 그러나 당신이 조직과 직장 내에서 어떤 업무를 책임지고 있고 당신의 성과를 방해할 수도 있는 경쟁자나 적이 있다면 그런 생각을 당장 버려야 한다. 적일수록 더욱 곁에 두어야 한다. 적을 멀리한다면 그가 어떤 생각을 갖고 있는지, 지금 뒤에서 무슨 일을 꾸미고 있는지 알 수 없기 때문이다.

5. 어려운 상황에 처할수록 유머를 발휘하라

로널드 레이건이 당시 최고령 대통령 후보로 출마했을 때 그의 나이는 항상 상대편 진영의 공격 대상이 되었다. 로널드 레이건은 유머가 넘치는 사람이었고 그의 진가는 1984년 10월 21일, 캔사스 시에서 있었던 대통령 후보 토론회에서 잘 드러났다.

그날도 역시나 상대는 그의 나이를 공격했다. 그러자 그는 여유롭게 웃으며 다음과 같이 대답했다. "나는 어떤 정치적 목적 달성을 위해서도 상대가 어리고 그래서 경험이 미숙하다고 공격하지 않을 것입니다." 자신의 고령을 문제 삼는 상대의 틀에 빠지지 않고 한발 물러선 후 오히려 상대가 자신에 비해 어리고 경험이 적다는 것을 살짝 꼬집는 위트를 발휘한 것이다. 이 날을 기점으로 로널드 레이건 후보의 지지율이 반등한 것은 두말할 나위도 없었다.

출처: Pfeffer(2014).[49]

학/습/정/리

1. 조직은 두 사람 이상이 특정 목적을 달성하기 위하여 의식적으로 상호작용하고 유기적인 협력을 행하는 행동의 집합체이다.

2. 일반적으로 조직을 구성하고 있는 각 부서단위별로 기능과 업무 역할이 분담된다. 단위 조직 내 팀의 역할, 팀 내 개인의 역할 등 조직을 구성하는 구성원 개개인까지 책임 업무와 역할이 있다.

3. 조직구조는 공식화 정도에 따라 공식 조직, 비공식 조직, 영리성 기준에 따라 영리 조직, 비영리 조직, 조직 규모에 따라 소규모 조직, 대규모 조직으로 구분된다.

4. 조직문화는 특정 조직이 걸어온 발자취, 즉 그 조직의 경영스타일, 조직원의 행동, 말, 업무형태 등 오랜 기간 동안 조직 구성원이 타당한 것으로 인정하고 조직 내부를 통합할 수 있는 가치, 신념, 규범을 의미한다.

5. 경쟁가치모형(Parker&Bradley, 2000)의 조직문화 유형은 '변화 대 안정'을 한 축으로 하고 '조직 내부 지향 대 외부 환경 지향'을 다른 한 축으로 하며 혁신 지향 문화, 관계 지향 문화, 위계 지향 문화, 과업 지향 문화로 구분된다.

6. 조직 관리규칙(규정)은 구성된 조직을 관리하는 데에 필요한 항목들을 규정한 문서로 조직 관리의 효율성, 간소화, 표준화 및 과학화를 통하여 능률 향상을 도모하기 위해 작성된다.

7. 의사소통은 개인과 개인, 개인과 집단, 집단과 집단 등이 가진 정보를 상호 교환하는 과정으로 정의된다.

8. 의사소통은 공식 여부에 따라 공식적 의사소통, 비공식적 의사소통으로 구분되고, 명령 체계에 따라 수직적 의사소통, 수평적 의사소통, 언어 표현에 따라 언어적 의사소통, 비언어적 의사소통으로 구분된다.

9. 비언어적 의사소통(Non-verbal communication) 수단으로는 눈짓, 몸짓, 웃음, 말의 속도, 목소리의 높고 낮음, 입술의 경련, 얼굴의 붉어짐, 눈물 등이 있다.

10. 갈등은 개인 또는 집단 간에 추구하는 목표나 이해관계가 달라 서로를 적대시하거나 육체적, 심리적 공격으로 인해 문제가 발생한 상태를 의미한다.

11. 갈등은 주로 자원의 공동 분배 결정 시, 목표와 이해관계의 차이, 현실에 대한 인식의 차이에서 유발된다.

12. 건설적 갈등은 서로 상반된 관점에 접하게 된 구성원들이 새로운 데이터를 확보하려고 노력하고, 문제를 보다 명확하게 이해하여 관련 대안을 모색하려는 과정에서 갈등이 조장되기보다는 오히려 성과 창출에 효과가 나타나는 현상을 말한다.

13. 업무 추진 시 적절한 갈등은 오히려 조직의 긍정적 변화를 초래하고 구성원이 창조적이고 도전적인 정신으로 목표 달성을 위해 노력하게끔 도움을 준다.

14. 갈등 관리 기법에는 승패의 접근, 무마, 협상과 타협, 회피 등의 방법이 있다.

---

48) 출처: Pfeffer, J.(2014). win of workplace conflict. Harvard Business Review. http://hbr.org/2014/05/win-of-workplace-conflict.

NCS

직업기초능력평가

조직
이해
능력

업무이해능력

제❹장
업무이해능력

▶▶ 학습목표

구분	학습목표
일반목표	직업인으로서 자신의 업무활동을 분석하고 우선적으로 처리해야 할 업무를 파악하고 해당 업무처리 계획 및 절차를 수립하여 진행하는 능력, 업무수행의 결과를 평가하고 비교하는 능력을 기른다.
세부목표	1. 나의 업무를 이해하고 업무 우선순위를 파악할 수 있다. 2. 나에게 주어진 업무를 분석하여 업무처리 계획 및 절차를 수립하여 진행할 수 있다. 3. 나에게 주어진 업무수행 종료 후 목표 대비 결과를 비교·평가할 수 있다. 4. 나의 업무성과를 관리하고 차후 업무에 환류할 수 있다.

▶▶ 주요 용어 정리

조직업무
사회생활 또는 조직상의 특정 지위에 있는 조직 구성원이 계속 또는 반복하여 행하는 사무

업무수행 계획서
효율적인 업무수행을 위하여 직무의 성격과 특징, 요구되는 개인의 자질 등을 토대로 조직 구성원이 업무성과를 향상시키기 위해 기록하는 단·장기적인 문서

업무성과
개인이 조직에서 공식적으로 부여받은 역할 수준으로 조직의 목표와 경영성과에 직접적인 영향을 미치는 재무적 성과와 비재무적 성과

업무성과 관리 및 평가
조직의 전략 목표와 성과 목표를 설정하고, 사업을 설계·시행하며, 목표하였던 산출과 결과가 달성되었는지를 평가하고, 이를 의사결정에 환류시키는 과정

제1절 조직업무 파악 및 우선순위 결정

1 조직업무 파악

조직업무(Organization Business)는 사회생활 또는 조직상의 특정 지위에 있는 조직 구성원이 계속 또는 반복하여 행하는 사무를 말한다. 조직업무는 상당한 횟수 이상으로 반복하여 행하여지거나 또는 계속 반복할 의사로 행하여진 것이어야 한다.

직장에서 일하다 보면 다양한 부서, 여러 사람과 함께 공동으로 해나가야 하는 일이 많다. 조직에 효과적으로 적응하고 업무를 빠르게 배우기 위해서는 그동안 조직에서 쌓아온 조직업무 노하우나 표준화된 업무의 흐름을 파악하는 것이 중요하다. 특히 여러 부서가 협업해야 하는 큰 조직일수록 구성원 대부분이 전문적이고 특수한 분야에 한정되지 않고 다른 사람의 업무에도 관심을 두면 다양한 분야를 아우르게 되어 업무능력이 상승하게 된다.

조직업무의 대부분은 특정 원칙과 기준에 따라 표준화되어 있다. 국가적인 차원에서의 업무 표준화는 NCS이다. 하지만 조직에서 너무 과도한 표준화를 시도하면 조직의 창의성을 저해할 수 있기 때문에 각 조직의 상황에 맞게 융통성과 유연성을 발휘하여야 한다. 업무 표준화는 제조업 등 생산 기반 회사에서 더욱 중요하지만 최근에는 초기 업무 생산성을 높이기 위해 대부분의 기업들이 표준화된 업무 매뉴얼을 토대로 교육하고 이후 업무에 익숙해지면 창의성을 발휘하도록 유도하는 경우가 많다. 업무 표준화를 위한 원칙과 기준은 다음과 같다.

- **통일성의 원칙**: 조직원 중 누가 해당 업무를 수행하더라도 동일하게 인식하고 행할 수 있어야 한다.
- **유연성의 원칙**: 업무 시 경직된 분위기가 아닌 적절한 유연성을 부여하며, 급속도로 변한 환경 변화에 적응할 수 있어야 한다.
- **구체성의 원칙**: 업무분석 시 구체적이고 명확한 기준으로 계량화, 수치화하고 주관적인 해석을 자제하여야 한다.
- **일관성의 원칙**: 반복된 업무수행 시 오차 범위 내의 동일한 결과물을 얻어야 한다.

- 타당성의 원칙: 예측 및 가상 자료에 의지하지 않으며 사실에 기초한 타당성을 갖추어야 한다.
- 공유성의 원칙: 조직 구성원들 모두가 공유할 수 있어야 한다.

2 업무 우선순위 결정

모든 일에는 순서가 있다. 일을 잘하기 위해서는 오늘 해야 할 일은 오늘 반드시 끝낸다는 원칙을 스스로 세우는 것이 좋다. 이메일 답장과 같은 간단한 업무는 즉시 처리하는 것이 좋으며, 오늘의 할 일을 리스트화해서 우선순위를 정해야 한다. 업무 우선순위를 정하기 위해서는 해당 업무의 중요성과 긴급성을 분석하여야 한다. 중요성은 해당 업무가 기업의 생사를 좌우한다든지, 자신의 업무 지속성과 관련이 있는 경우이고 긴급성은 마감 기일에 맞추지 못하면 계약이 해지된다거나 지체상환금을 지급해야 하는 등의 업무가 있는 경우로 긴장감과 스트레스를 주는 요인이 된다. 업무 우선순위 결정 시에는 긴급성과 중요성을 토대로 우선순위를 결정하는 것이 효율적이다.

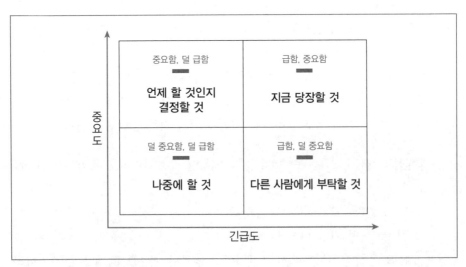

| 그림 4-1 | 업무 우선순위 결정 매트릭스

1사분면은 중요하면서도 긴급한 일로 마감 시간이나 납기일이 다가오고 있어 미룰 수 없는 일로 고객의 불만이나 조직 내 문제 발생 시 즉시 대응이 필요한 일이자 지금 당장 해야 하는 일이다. 2사분면은 중요하긴 하지만 덜 급한 일이다. 즉, 마감 시간이 급하게 다가오는 것은 아니지만 자신에게는 중요한 일로서 다음 계획을 세우거나 품질 관리 제도를 만드는 등 문제 발생에 대비하여 사전 준비 및 계획을 세우는 것이며 개인적으로는 능력 향상을 위한 자기 개발 등이 이에 속한다. 3사분면은 중요성과 긴급성이 모두 낮은 일로 무의미한 전화 응대, 이메일 관련 업무, 동료와의 잡담 등 하지 않아도 되는 쓸데없는 일로 나중에 해도 되는 일이다. 4사분면은 중요성은 낮지만 마감 시간이 정해진 긴급을 요하는 일로서 정례 미팅을 위한 자료 준비, 갑작스런 내방 등의 업무로 타인에게 부탁할 수도 있는 일에 해당한다.

3 업무일지

업무일지는 업무진행 및 예정 사항 등을 기록, 관리하는 문서이다. 금일 실시할 업무내용을 작성하고, 진행 및 예정 업무에 대해 담당을 구분하여서 한눈에 파악할 수 있는 문서이다. 회사에서는 주로 일일 또는 한 주 단위나 한 달 단위의 업무보고 형식을 많이 사용한다. 업무일지를 통해 부서원의 직무 분석이 가능하며 일의 진행 상황 체크를 통해 효율적인 근무 시간 관리가 가능하다. 업무일지는 회사마다 내용이나 양식이 다르지만 일반적으로 일 단위 업무일지에는 업무일자, 결재란, 금일 업무내용 및 담당자, 예정 사항 및 담당자, 비고의 내용이 포함된다.

사례연구 ❶

업무수행 시 최악의 시간 관리법

1. 풀리지 않는 문제를 풀릴 때까지 가지고 있는다.
2. 상사가 시키는 일이면 내게 급한 일이 있어도 무엇이든지 한다.
3. 하는 업무가 재미가 없어도 동일한 방식으로 일을 한다.
4. 마감시간이 닥쳐서 일을 처리한다.
5. 함께하는 동료가 실력이 없어도 사람이 좋다는 이유만으로 그 동료와 계속 함께 일을 한다.
6. 내게 급한 일보다 타인에게 급한 일을 먼저 한다.
7. 회사와 상관없는 일을 우선시한다.

교육적 시사점

- 조직에서 자신이 재미있는 업무를 해야 하고 재미가 없으면 재미있게 일하는 방법을 찾아야 한다.
- 자신이 할 수 있는 일과 할 수 없는 일을 구분하여 업무 마감 기간까지 일을 마무리하여 자신의 신임도를 높이는 게 중요하다.

사례연구 ❷

효율적으로 일하는 사람들의 특징

1. 업무계획을 수립하여 우선적이고 급한 일부터 처리한다.
2. 1일 계획, 한 주 계획, 월 계획, 연 계획을 수립하여 1년 동안 해야 할 일들을 하루 단위로 계획을 수립하여 시행한다.
3. 보고서나 업무 마감 며칠 전에 일을 끝내고 자신의 업무에 대해 동료나 상사로부터 피드백을 받는다.
4. 충분한 휴식 시간을 취한다.
5. 항상 창의적인 사고로 업무를 수행한다.
6. 매주 업무에 대해 체크하고 스스로 피드백한다.
7. 해당 업무에 대해 최신 정보를 수집한다.
8. 업무 시간에 가정사에 대한 문제는 가능한 처리하지 않는다.

교육적 시사점

- 업무수행 시 업무분량, 마감 시간, 보고 시간 등을 정하여 체계적으로 일을 해야 한다.
- 자신의 업무 우선순위를 정하여 가장 중요한 일부터 처리하고 나머지 일을 한다.
- 효율적인 업무처리를 위해 2시간마다 휴식 시간을 갖는다.

탐구활동

1. 자신의 업무수행 계획을 작성해 보자.

구분	내용
자신의 업무 파악	
업무수행 목표	
업무수행 방안	
업무수행 계획	
업무추진 일정	

2. 다음의 업무 우선순위 매트릭스에 자신의 업무를 기술해 보자.

구분	긴급하지 않다.	긴급하다.
중요하다.		
중요하지 않다.		

[To Do List]
1)
2)
3)
4)

3. 업무일지를 작성해 보자.

구분		내용			
10월 셋째 주 (2016년 10월 00일 ~ 00일)	결재	담당	과장	부장	사장
금일(금주) 실시 사항					
진행 예정 사항					
비고					

4. 조직 업무파악 시 상사의 특성과 대처 방안을 작성해 보자.

구분	상사의 특성	대처 방안
[이해] 머리로 대처		
[감정] 가슴으로 대처		

학습평가

정답 및 해설 p.215

1 다음에 제시된 각 용어의 개념을 간단히 작성하시오.

　① 조직업무:

　② 업무일지:

※ 다음 문장의 내용이 맞으면 ○, 틀리면 ×에 ✓표시를 하시오. (2~3)

2 조직업무의 대부분은 특정 원칙과 기준에 따라 표준화되어 있다. 하지만 조직에서 너무 과도한 업무 표준화를 시도하면 조직의 창의성을 저해할 수 있다. (○, ×)

3 업무 우선순위를 정하기 위해서는 해당 업무의 종류와 개수를 분석하여야 한다. (○, ×)

4 업무 표준화를 위한 원칙에 해당하지 않는 것을 고르시오.

　① 통일성의 원칙　　　　　　② 유연성의 원칙

　③ 일관성의 원칙　　　　　　④ 간략성의 원칙

5 업무 우선순위 결정 매트릭스에서 다음의 설명에 해당하는 사분면 영역을 고르시오.

　중요성과 긴급성이 모두 낮은 일로 무의미한 전화 응대, 이메일 관련 업무, 동료와의 잡담 등 하지 않아도 되는 쓸데없는 일

　① 1사분면: 지금 당장 해야 할 일

　② 2사분면: 언제 할 것인지 결정할 일

　③ 3사분면: 나중에 할 일

　④ 4사분면: 다른 사람에게 부탁할 일

업무수행 능력 극대화하기

1. 업무처리 시 신속성을 높여라: 업무처리 시 군더더기 시간을 줄이고 가능한 신속하게
   처리하라. 군더더기 시간이 많아지면 업무의 방향이 다른 곳으로 흐를 수가 있고 정확
   한 목적 달성이 어려워질 수 있다.

2. 업무지식을 공유하라: 회사 내의 업무는 개인적으로 처리할 수도 있지만 대부분 자신
   의 일이나 업무지식을 함께 공유할 때 파급효과가 높아진다.

4. 자신만의 전문성을 길러라: 사내에서 자신만의 업무영역에 대해 전문성을 강화할 필요
   가 있다. 전문성은 곧 기업 내에서 살아남을 수 있게 하는 경쟁력이 되므로 이를 위해
   지속적으로 자기 개발을 해야 한다.

제2절 업무수행 계획 및 절차

1 업무수행 계획서

1) 업무수행 계획서 작성 유의점

업무수행 계획서는 직무 분석을 토대로 효율적인 업무수행을 위하여 직무의 성격과 특징, 요구되는 개인의 자질 등을 토대로 조직 구성원의 업무성과를 향상시키기 위해 기록하는 장·단기적인 문서이다. 업무수행 계획서는 관리자가 부하직원의 업무관리 및 계획 대비 성과를 파악하고 직원 스스로 체계적이고 계획적인 업무수행을 위해 일반적으로 조직에서 작성하는 계획서이다. 계획서를 통해 관리자는 부하직원이 자신이 담당할 업무에 관해 얼마나 잘 이해하고 있는지를 평가할 수 있고 직원은 자기만의 고유한 비전, 사업 또는 보다 나은 성과를 창출할 수 있다. 업무수행 계획서 작성 시 너무 정형화된 양식이나 내용으로 접근할 경우에는 형식 요건을 잘 갖춘 것처럼 보이긴 하지만, 다른 계획서와의 차별성이 없게 되고 창의적 발상을 하기 어렵게 되기 때문에 기본적인 형식은 갖추되 자신만의 개성 있는 수행계획서 작성이 필요하다. 특히 ① 표현이 명료, 단순하여야 하고, ② 업무범위를 명시하여야 하며, ③ 추상적 표현보다 구체적 표현을 사용하여 업무계획의 구체성을 확보하여야 한다.

2) 업무수행 계획서 예시

업무수행 계획서는 다음의 사항들을 포함한다.

| 표 4-1 | **업무수행 계획서 예시**

구분	내용	예시
직무 개요	구성원의 직위에 해당하는 업무내용	○○ 업무 및 내용
업무추진 계획	업무추진 목표: 추진할 업무의 성과 및 결과물	효율적인 ○○ 업무수행 △△시스템을 도입하여 ○○ 업무효과를 증진 – 업무추진 방안: 업무내용별 업무추진 내용 – 업무추진 일정: 연도별 사업 추진 일정, 표 양식으로 작성

2 업무처리 절차

업무처리 절차는 조직 내부의 업무를 처리하는 과정과 조직 외부의 요구나 문제 제기에 대한 업무를 처리하는 과정으로 구분이 가능하다. 본 절에서는 조직 내부의 업무처리 과정에 관해 살펴본다. 단, 각 부서마다 업무 성격이 다르기 때문에 구성원들이 업무처리 시 통일된 처리 방식은 없다.

다음은 제조업 인사·급여부서의 산재 관리에 관한 업무 흐름도 예시이다. 인사·급여부서에서 구성원의 산재 신청을 접수받으면 보험금 지급 의뢰서를 작성하여 내부 심의로 넘긴다. 심의 결과 내부적으로 산재가 인정된다고 판단하면 산재보험관리공단에 산재 신고를 하고 산재 보험금을 지급하는 과정을 거친다.

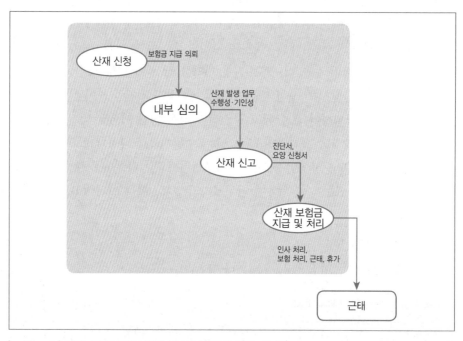

| 그림 4-2 | 인사·급여부서의 산재 관리 업무처리 절차 예시[49]

사례연구

제조업의 인사고과 관리 업무 프로세스

제조업의 인사고과 관리 업무는 다음과 같다. 기업의 인사정보 DB에서 고과 대
상자를 먼저 선정하고 인사고과 기준에 따라 고과 내용을 작성한다. 경영진에서
고과 대상자 자료를 확인한 후 고과 평가를 실시하고 고과자가 많을 경우 고과
자 평균을 조정한다. 그 다음 업적, 능력 등 종합 평가를 인사평과에 반영한 후
급여 조정이나 승진 또는 발령을 내리는 절차를 따른다.

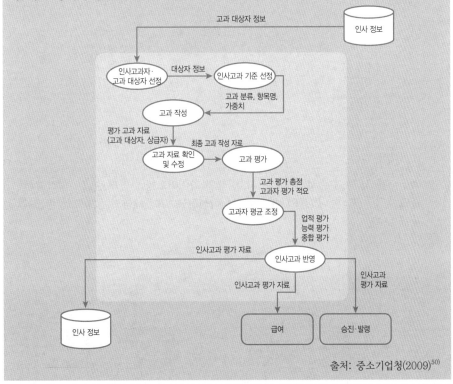

출처: 중소기업청(2009)[50]

◢ **교육적 시사점**

- 높은 인사고과를 받기 위해서는 평소에 자신의 업적과 능력을 관리하여야
  한다.
- 기업에서 인사고과에 의한 보상 시에는 합리성과 공정성을 보장하기 위해 업
  적과 능력 등을 종합적으로 판단할 수 있는 시스템이 마련되어야 한다.

49) 출처: 중소기업기술정보진흥원(2009). 업종별 업무 프로세스 표준모델(제조업 공통). pp. 147. www.tipa.or.kr.
50) 출처: 중소기업기술정보진흥원(2009). 업종별 업무 프로세스 표준모델(제조업 공통). pp. 144. www.tipa.or.kr.

탐구활동

1. 효율적인 업무수행 계획 작성에 앞서 업무의 방해 요인과 해결 방안을 작성해 보자.

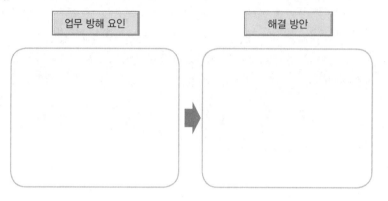

2. 업무수행 시 보고 순서를 정해보자. 아래의 다이어그램에 먼저 할 것, 빨리할 것, 중요한 것, 긴급한 것 등의 카테고리를 작성하고 그에 해당되는 보고 업무를 기술해 보자.

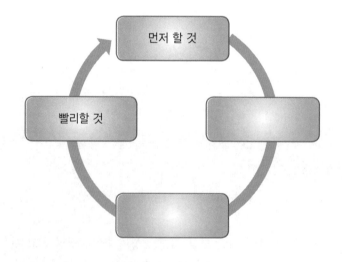

3. 나만의 업무수행 계획서를 작성해 보자.

업무수행 계획서

수행 기관 :
근무 부서:

업무수행 방향 및 업무비전	
수행할 업무의 목표 및 내용	
업무의 중요성과 추진 방법	
업무의 발전 방안	
업무수행을 위한 구체적인 전략	

년   월   일

근무자명:

학습평가

정답 및 해설 p.215

1   업무수행 계획서의 개념을 간단히 작성하시오.

※ 다음 문장의 내용이 맞으면 ○, 틀리면 ×에 ✓표시를 하시오. (2~5)

2   업무수행 계획서는 직무의 성격과 특징, 요구되는 개인의 자질 등을 토대로 조직 구성원의 업무성과를 향상시키기 위해 기록하는 장·단기적인 문서이다. (○, ×)

3   업무수행 계획서는 회사가 정한 정형화된 틀과 내용대로만 작성하여야 좋은 평가를 받는다. (○, ×)

4   업무처리 절차는 조직 내부의 업무를 처리하는 과정과 조직 외부의 요구나 문제 제기에 대한 업무를 처리하는 과정으로 나뉜다. (○, ×)

5   각 부서마다 업무성격이 달라도 구성원들이 업무처리 시 하나의 통일된 처리 방식을 이용하여야 한다. (○, ×)

Tip

정형화된 업무수행 계획서 양식

Logo	업무수행 계획 및 자기 평가서			문서 구분	AA-1234
				페이지	1/1페이지
				작성자	김○○
				작성일자	2015. ○○. ○○

항목	비중	목표(최초)	목표(변경)	자기 기술(업무환경, 목표, 변경 사유, 애로사항 등)	달성도
업무 개선·과제 업무	50%				
통상 업무	30%				
자기 개발·부하 육성	20%				
계	100%				

제3절 업무성과의 개념 및 평가

1 업무성과의 개념 및 창출 노하우

1) 업무성과의 개념

업무성과는 개인이 조직에서 공식적으로 부여받은 역할을 수행하여 나타나는 산출물로 조직의 목표와 경영성과에 직접적인 영향을 미치는 재무적 성과와 비재무적 성과로 구분된다. 업무성과 중 일반적 성과는 업무의 양(Quantity), 질(Quality), 주도성(Initiative) 등을 의미하며, 맥락적 성과는 업무의 맥락 관점으로 조직시민행동(OCB)의 이타적 행동, 조직자발성, 친사회적 행동 등의 요인으로 구분할 수 있다.[51]

업무성과표는 해당 업무를 수행하는 직원이 매일 또는 매달 수립한 업무목표를 어느 정도 달성하였는지를 작성한 표로 경영자가 평가하는 문서를 총칭한다. 업무성과표에는 직원의 소속과 이름, 업무목표, 수행 정도, 달성 비율, 향후 환류 방안과 실행 계획 등이 포함된다.

2) 업무성과 창출 노하우

조직의 업무성과를 효율적으로 높이기 위해서는 자신만의 노하우를 가지고 다른 직원과 협동할 수 있어야 한다. 다음은 업무성과 창출을 위한 노하우이다.

① 목표를 제대로 세워야 한다. 조직 전체의 목표를 토대로 자신이 해야 할 핵심 목표를 수립하고 우선순위를 선정하여 실천 계획에 따라 수행하여야 한다.

② 시간 관념에 충실하여야 한다. 긴급하고 중요한 일을 우선적으로 처리하고 업무 마감 기일을 반드시 지키려고 노력하여야 한다. 또한 하루에 계획한 일을 다 처리하지 못하였을 경우 짧은 시간에 처리할 수 있는 내용은 미루지 말고 그날에 마무리한다.

③ 프레젠테이션에 신경써야 한다. 회사에서 업무를 수행하다 보면 내·외부적으로 자신이 작성한 내용을 발표할 기회가 많이 생긴다. 이 경우 발표 노트를 작성하고 자기의 것이 될 수 있도록 여러 번 연습한다. 또한 발표 자료의 디자인은 간단명료하게 하고 이미지나 동영상을 활용한다. 발표 후 질문에 대비하여 예상 질문과 답을 작성하고 마지막으로 외모 관리가 필요하다.

④ 문서 관리를 체계화한다. 문서는 폴더를 이용하여 위계를 수립하여 정리한다.

⑤ 업무회의 시에는 참석자를 먼저 파악하고 그에 맞는 프레젠테이션과 자료를 준비한다. 또한 회의 진행 순서를 미리 숙지하고 회의 주제를 정확히 파악하여야 한다. 회의 시 자신의 주장을 논증하기 위해 첨부 자료를 반드시 준비하고 주장은 간단명료하게 제시한다.

2 업무성과 관리 및 평가

업무성과 관리와 평가는 차기 연도 사업 설계 시 지속 여부를 평가하고 예산 배분의 효율성을 제고하며 각 업무에 대한 책임성을 확보하기 위해 실시한다. 성과 관리는 조직의 전략 목표와 성과 목표를 설정하고, 사업을 설계·시행하며, 목표했던 산출과 결과가 달성되었는지를 평가하고, 이를 의사결정에 환류시키는 과정을 의미한다. 이러한 업무성과 관리는 PDCA 사이클로 파악할 수 있다. PDCA의 P는 Plan으로 업무목적에 따라 목표를 정하고 목표를 달성하기 위한 대책을 수립하는 것이다. D는 Do로 대책(Plan)에 대해 연구하고 대책대로 실시하는 것이다. C는 Check로 계획이나 대책대로 일이 행하여졌는지를 조사하고 목표와 실제와의 차이를 조사하여 결과에 이상이 없는지를 파악하는 단계이다. 마지막으로 Action은 대책대로 행하여지지 않으면 원인이나 상황을 파악하고 상황이 변화될 경우 그 상황에 맞는 대책을 새로 수립하는 등 계획대로 진행할 수 있도록 노력하는 것이다. 이 단계에서는 다음 분기 또는 회기에서 두 번 다시 이러한 문제나 실수를 반복하지 않기 위해 다음 사업 계획 수립에 반영할 수 있는 환류보고서를 작성한다.

---

51) 출처: 정명호(2008). 사회적 자본 특성이 개인의 직무성과에 미치는 영향과 직무태도의 매개효과. 직업능력개발연구, 11(2), pp. 165~191.

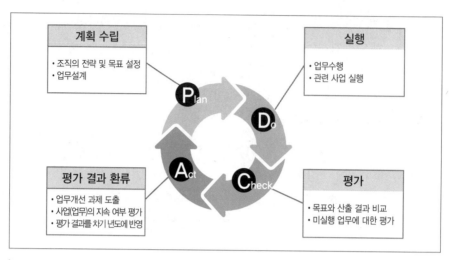

| 그림 4-3 | 업무성과 관리 모델(PDCA)

업무성과를 평가하고 관리하기 위해서는 적절한 평가 기준이 필요한데, 이를 성과 지표라 하고 성과 지표는 효율성을 기반으로 일반적으로 투입, 활동, 산출, 결과 지표로 구성된다. 투입은 예산, 인력 등 내부 자원으로 구성되고 활동은 투입된 자원을 활용하여 산출물을 발생시키기 위한 제반 활동을 의미한다. 한편, 산출은 생산된 재화나 용역이고 결과는 산출물이 사업 대상 또는 경제 및 사회, 국가에 미치는 전반적 영향을 의미한다. 이를 요약하면 아래 그림과 같다.

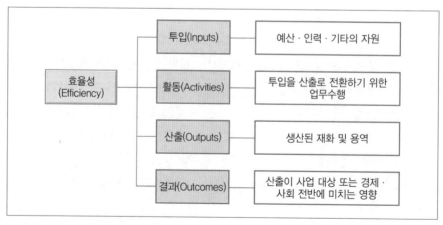

| 그림 4-4 | 업무성과 관리 지표

3 효과적인 생산성 향상 프로세스

업무 생산성을 효율적으로 향상하기 위해서는 이해관계자(경영자, 직장 상사, 동료, 소비자 등)를 모두 만족시킬 수 있는 프로세스를 개발하여야 한다. 업무 프로세스는 하나 이상의 투입(Input)을 통해 고객에게 가치 있는 결과(Output)를 전달하는 활동들의 집합체로 정의할 수 있다. 투입 요소로는 재료나 자원, 인적 자원, 예산 등이 있는데 투입 대비 효과를 극대화하기 위해 최소화하는 것이 최상이다. 단, 질적 하락을 고려하여야 한다. 업무진행 과정에서는 투입 요소를 생산라인이나 사무에 투입하여 각 부서별로 업무를 진행하며 혁신적인 아이디어나 업무 효율성을 최대화하여야 한다. 결과 요소는 고객 접점에서 고객을 최대한 생각하고 가치를 최대화할 수 있는 방향으로 도출하여야 한다.

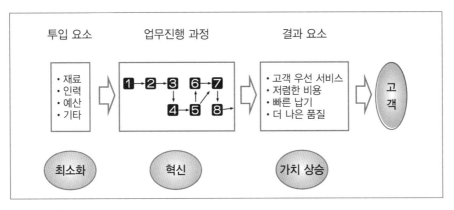

| 그림 4-5 | 업무 생산성 향상 프로세스 예시

4 보고서 작성

팀별 프로젝트 단위의 사업부에서 업무성과 평가 시 효율적인 도구는 보고서이다. 보고서는 용도에 따라 그 형식이나 스타일이 다르다. 프로젝트 업무성과에 대한 보고서는 가능한 짧게 작성하고 폰트, 행간 등에서 공통되고 통일된 형식을 사용하여야 일관성 있는 보고서가 될 수 있다. 특히 보고서는 요약문에서 승패가 좌우되기 때문에 첫 장에서 자신의 주장을 명료하게 작성하여야 상사를 설득할 수 있다. 따라서 요약문에는 상사나 고객이 원하는 정보만(결과 또는 결론)을 치밀하게 작성하고 구체적인 내용은 본문에 제시한다. 또한 보고서 문단은 피라미드 형태로 구성하여야 효과적으로 정보를 전달할 수 있으며 문장은 최대한 간결하면서 객관성과 구체성을 유지하고 미사여구는 가능한 자제한다.

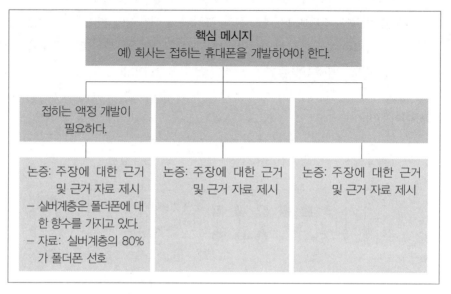

| 그림 4-6 | **보고서 문단 작성 구조**

사례연구 ❶

업무성과에 대한 채찍과 당근

과거에는 기업이 조직 구성원에게 열정페이를 지급해도 용납될 만큼 월급이 강력한 동기부여의 도구였다. 그 당시만 하더라도 생계를 유지하기 힘들었기 때문에 월급만 제때 주더라도 노동자들은 불만이 없었다. 하지만 최근에는 월급이 적더라도 취미 생활을 즐기면서 자신만의 삶을 살고 싶어 하는 사람들이 증가하면서 월급만으로 동기부여가 되지 않는다.

이에 기업들은 조직 구성원들의 업무성과에 따라 월급뿐만 아니라 적절한 진급, 휴가, 인센티브 등 다양한 방법으로 구성원들을 동기부여하고 있다. 하지만 과거의 기억에서 벗어나지 못한 기업가들은 기업에서 월급만 주면 되지 왜 다른 혜택을 줘야 하는지에 대한 의문을 가지고, 과거처럼 열정페이를 요구한다. 또한 직원을 하나의 일꾼으로만 생각하며 인격적인 대우를 해 주지 않는 경우도 많다. 이 경우 직원들은 조직에 불만을 가지게 되고 업무성과도 떨어지게 된다.
일한 만큼의 보수나 인센티브는 업무성과 향상에 적절한 동기부여가 되기 때문에 경영자가 직원에 대한 복지와 개인 생활을 보장해 주는 것은 장기적인 측면에서 조직에 도움이 된다.

교육적 시사점

• 과도한 업무지시는 직원들로 하여금 애사심을 감소시키는 역효과를 가져 온다.
• 업무성과에 대한 동기부여로 금전적인 것 외에 직원의 복지, 자기 개발 등의 기회를 제공하면 장기적인 측면에서 조직의 생산성을 높일 수 있다.

사례연구 ❷

일 잘하는 직장인이 되는 비법

1. "모든 일에는 순서가 있다" – 우선순위를 정하라!

일을 잘하기 위해서는 오늘 해야 할 일은 오늘 반드시 끝낸다는 원칙을 스스로 세우는 것이 좋습니다. 이메일 답장과 같은 간단한 업무는 즉시 처리하는 것이 좋으며, 오늘의 할 일을 리스트화해서 우선순위를 정해야 합니다. 시간이 오래 걸리고 까다로운 일부터 처리하게 되면 업무가 더 쉽게 처리되는 경우가 많습니다.

2. "함께 일하는 것이 아름답다" – 업무의 흐름을 읽어라!

직장에서 일하다 보면 다양한 부서의 여러 사람들과 함께 해나가야 하는 일이 많은데요. 이런 경우 업무의 흐름을 파악하는 것이 중요합니다.

여러 부서가 협업해야 하는 큰 조직일수록 구성원의 직무 대부분이 전문적이고 특수한 분야에 한정되지 않아 자기 일만 잘한다고 일을 잘한다고 볼 수는 없습니다. 다른 사람의 업무에도 관심을 두면 다양한 분야를 아우르게 되어 업무 능력이 상승하게 됩니다.

3. "일의 능률을 높이는 환경" – 업무환경을 재정비하라!

온종일 앉아 있는 의자부터 업무에 쓰이는 노트북, 모니터, 마우스 등 자신에게 잘 맞는 도구를 적절히 활용하는 것 또한 효율적인 업무에 도움이 된답니다. 기본적인 책상 정리와 함께 컴퓨터 폴더 관리 등 자료나 문서를 제대로 관리하는 것 또한 매우 중요합니다. 일하는 환경을 수시로 정리 정돈하여 업무 시간을 보다 효율적으로 활용해 보세요.

4. "휴식도 업무의 일부다" – 집중적으로, 흥미롭게 일하라!

우리는 보통 일에 대한 목표 의식과 마감일이 뚜렷해야 일에 집중할 수 있습니다. 일을 잘하기 위해서는 무엇보다 집중력이 필요한데요. 내 안의 모든 에너지를 다 쏟겠다는 의지로 매번 전심전력을 다 해 일하는 것보다 리듬감 있게 일하는 것이 일을 잘할 수 있는 포인트랍니다.

한 가지 일을 계속 하기보다는 중간에 10분 정도 다른 쉬운 일을 하며 기분 전환을 해준다면, 슬럼프에 빠지지 않고 일의 능률을 높일 수 있습니다. 또, 업무 페이스를 유지하기 위해서 일찍 출근하여 심적인 여유와 시간적인 여유를 갖는 것도 좋은 방법입니다.

출처: 삼성그룹 공식블로그 삼성이야기[52]

교육적 시사점

- 업무의 중요도에 따라 업무처리의 우선순위를 정하면 시간을 절약할 수 있다.
- 간단하게 처리할 수 있는 일은 미루지 말고 즉시 처리하는 습관을 들이면 다른 업무에 투자할 수 있는 여력이 많아진다.
- 2시간에 최소 10분은 쉬어줘야 업무효율이 높아진다.

탐구활동

1. 나의 업무성과표를 작성해 보자.

목표 관리 평가표

1. 업무성과 평가표(자기 평가)

성명		소속		자격	
대상 기간	년 월 일부터 년 월 일까지			연령	세

• 당해 연도의 업적(목표 달성도·신장도·과제에 임하는 상황)
  (구분란에 ○표를 하시오.)

구분	사전에 정한 업무 목표	당기 실적 (수치 또는 성과를 기록)	달성도(%)	전년 대비 (%)

• 업무의 질, 양, 업무에 임하는 자세

평가 요소		구체적 사항을 기입	자기 평가
업무의 질	• 업무를 처리하는 것뿐만 아니라 자주적으로 공부하고 개선을 시도하였는가? • 업무의 질, 레벨의 향상을 도모하여 성과를 높였는가?(품질, 비용, 정확도, 신속도)		
업무의 양	• 요구한 업무의 양을 정확히 처리했는가? • 처리한 업무의 건수는?		
임하는 자세	• 자신의 업무를 계획하고 사내에서 적극적으로 제안하였는가? • 자신의 역할을 인식하고 규율을 지키면서 직무를 수행하였는가? • 목표 달성을 위해 실패를 두려워하지 않고 도전하는 행동을 하였는가?		
			부문장 인

52) 출처: 삼성그룹 공식블로그 삼성이야기, 김대리 잘했어! 일 잘하는 직장인 되는 비법 공개, http://blog.samsung.com/3882.

2. 나의 업무 체크리스트를 작성해 보자.

체크 항목	여부(o/×)	원인	대응책
업무목표는 달성하였는가?			
정해진 기한 이내에 업무를 완료하였는가?			
계획한 과정과 절차를 제대로 따랐는가?			

3. 나의 업무에 대해 모니터링 분석표를 작성해 보자.

실행한 업무	기대 목표	성과 결과	차이에 대한 이유	대응 방안	요청 사항
프로젝트 관련 자료 찾기	1일 10개 논문 찾기	1일 3개 논문 수집	대부분의 논문이 유료이기 때문에 구글을 통한 자료 수집은 한계가 있음	학술 자료 검색을 위해 한국학술정보(주) 등에 유료 아이디 신청 필요	회사에서 공동 아이디 신청 필요

학습평가

정답 및 해설 p.215

1 다음에 제시된 각 용어의 개념을 간단히 작성하시오.

① 업무성과:

② 업무성과표:

③ 업무성과 관리 및 평가:

※ 다음 문장의 내용이 맞으면 ○, 틀리면 ×에 ✓표시를 하시오. (2~5)

2 업무성과는 조직의 목표와 경영성과에 직접적인 영향을 미치는 비재무적 성과만을 의미한다. (○, ×)

3 일반적 성과는 업무의 양(Quantity), 질(Quality), 주도성(Initiative) 등을 의미한다. (○, ×)

4 맥락적 성과는 조직시민행동(OCB)의 이타적 행동, 조직자발성, 친사회적 행동 등의 요인으로 구분할 수 있다. (○, ×)

5 성과관리는 조직의 전략 목표와 성과 목표를 설정하고, 사업을 설계·시행하며, 목표하였던 산출과 결과가 달성되었는지를 평가하고, 이를 의사결정에 환류시키는 과정을 의미한다. (○, ×)

6 업무성과 창출의 노하우를 세 가지 이상 기술하시오.

① 목표를 제대로 세워야 한다.

②

③

④

⑤

7 다음 업무성과 지표에서 ①~④에 알맞은 말을 채워 넣으시오.

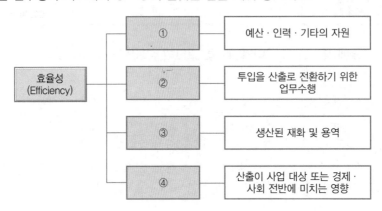

Tip

보고서 작성 스킬 진단하기

1. 어떤 문서 제작 프로세스로 작성할 것인지를 결정하라

일반적으로 한글워드프로세스나 MS 파워포인트를 많이 활용한다. 한글은 스타일 지정이 쉬워서 모든 페이지를 공통된 스타일로 맞추기에 용이하고 파워포인트는 모형 등의 그래픽 작업이 용이하지만 폰트 크기나 모형의 위치 등을 통일성 있게 맞추기가 쉽지 않다는 단점이 있다.

2. 문서 작성 프로세스의 스타일을 지정하라

보고서는 통일성 있게 작성하여야 가독성을 높일 수 있다. 한글의 경우 스타일을 지정해서 사용하고 파워포인트의 경우 마스터 기능을 이용하면 통일성 있는 문서 작성이 가능하다.

3. 문단과 문장의 길이를 적절하게 조절하라

문단은 일반적으로 8~9줄, 3~4개의 문장으로 , 문장은 1~2줄의 단문으로 구성하면 가독성과 통일성을 높일 수 있다.

4. 한 문단은 하나의 주제로만 작성하라

한 문단에 여러 개의 주제가 포함되면 보고서가 산만해진다. 문단 작성 시 첫 문장에는 작성자의 주장, 둘째 문장에는 주장에 대한 이유, 셋째 문장에는 이유에 대한 근거를 제시하면 논리적인 보고서가 될 수 있다.

5. 감성적인 보고서를 작성하라

보고서는 읽는 사람에게 감동을 주어야 채택 확률이 높아진다. 논리적이고 딱딱한 보고서이지만 단어를 적절히 조합하여 감성적인 보고서를 작성하면 상사로부터 좋은 호응을 얻을 수 있다.

학/습/정/리

1. 조직업무(Organization Business)는 사회생활 또는 조직상의 특정 지위에 있는 조직 구성원이 계속 또는 반복하여 행하는 사무를 말한다.

2. 업무 표준화를 위한 원칙과 기준은 다음과 같다.

   1) 통일성의 원칙: 누가 해당 업무를 수행하고 분석하더라도 동일하게 인식하며 행할 수 있어야 한다.

   2) 유연성의 원칙: 창의성을 해치지 않도록 적절한 유연성을 부여하며, 환경의 변화에 적응할 수 있어야 한다.

   3) 구체성의 원칙: 계량화, 수치화되어 자의적인 해석의 여지를 주어서는 안 되며 구체적이고 명확한 기준이 있어야 한다.

   4) 일관성의 원칙: 반복된 업무 프로세스 후에도 오차 범위 내의 동일한 결과물을 얻어야 한다.

   5) 타당성의 원칙: 예측 및 가상 자료에 의하지 않으며 사실에 기초하여 타당성을 갖추어야 한다.

   6) 공유성의 원칙: 조직 구성원들 모두가 공유할 수 있어야 한다.

3. 업무 우선순위 결정 시에는 긴급성과 중요성을 토대로 결정해야 한다. 중요성은 해당 업무가 기업의 생사를 좌우한다든지, 자신의 업무 지속성과 관련이 있는 경우이다. 긴급성은 마감 기일에 맞추지 못하면 계약이 해지된다거나 지체상환금을 지급해야 하는 등의 업무가 있는 경우로 긴장감과 스트레스를 주는 요인이 된다.

4. 업무일지는 업무진행 및 예정 사항 등을 기록, 관리하는 문서이다. 금일(주별, 월별) 실시할 업무내용을 작성하고, 진행 및 예정 업무에 대해 담당을 구분하여서 한눈에 파악할 수 있는 문서이다.

5. 업무수행 계획서는 직무의 성격과 특징, 요구되는 개인의 자질 등을 토대로 조직 구성원의 업무 성과를 향상시키기 위해 기록하는 장·단기적인 문서이다.

6. 업무수행 계획서는 다음과 같아야 한다.

   1) 표현이 명료하고 단순하여야 한다.

   2) 업무 범위를 명시하여야 한다.

   3) 추상적 표현보다 구체적 표현을 사용하여 업무계획의 구체성을 확보하여야 한다.

7. 업무성과는 개인이 조직에서 공식적으로 부여받은 역할을 수행한 결과로 조직의 목표와 경영성과에 직접적인 영향을 미치는 재무적 성과와 비재무적 성과로 구분된다.

8. 업무성과 창출 노하우는 다음과 같다.

   1) 목표를 제대로 세워야 한다.

   2) 시간 관념에 충실하여야 한다.

   3) 프레젠테이션에 신경써야 한다.

   4) 문서 관리를 체계화한다.

   5) 업무회의 시에는 참석자를 먼저 파악하고 그에 맞는 프레젠테이션과 자료를 준비한다.

9. 성과 관리는 조직의 전략 목표와 성과 목표를 설정하고, 사업을 설계·시행하며, 목표하였던 산출과 결과가 달성되었는지를 평가하고, 이를 의사결정에 환류시키는 과정을 의미한다(PDCA).

10. 팀별 프로젝트 단위의 사업부에서 업무성과 평가 시 주로 사용하는 효율적인 도구는 보고서이다.

NCS
직업기초능력평가

조직
이해
능력

Chapter

05

국제감각

제5장
국제감각

제1절 글로벌 트렌드의 이해 및 분석
제2절 글로벌 트렌드 변화 대응
제3절 글로벌 시대의 글로벌 매너

▶▶ 학습목표

구분	학습목표
일반목표	업무와 연관된 글로벌 트렌드를 분석하여 국제적 시각을 가지고 업무를 수행하고 글로벌 이슈에 대한 자료 수집 및 분석을 통해 국제정세 변화에 대처할 수 있는 능력을 기른다.
세부목표	1. 업무와 관련된 글로벌 트렌드에 관심을 가지고 분석할 수 있다. 2. 글로벌 관점을 가지고 업무를 수행하고 국제정세 변화에 대응할 수 있다. 3. 글로벌 이슈를 수집·분석하여 업무상황에 반영할 수 있다. 4. 글로벌 시대의 국제매너를 익힌다.

▶▶ 주요 용어 정리

글로벌화(세계화)

글로벌화는 지구 내에서 시간과 공간이 축소되고 지역 및 국가 간의 상호 연관관계가 증가하여 이로 인해 네트워크의 다양성이 구축되고 경제 현상, 사회 구조 및 국제적 질서가 새롭게 재편되어 각 나라 및 사람들 간의 관계가 새롭게 변화하는 과정

국제화

국가 단위로 시장이 구성되었던 상황에서 한 국가의 기업이 다른 국가로 진출하는 것

글로벌 리더십

시시각각 변화하는 국제정세에 신속히 대응하고 예상치 못했던 문제를 민첩하게 해결하는 리더십

글로벌 매너

글로벌 매너는 외국인과 파트너십 형성 시 갖추어야 할 행동 양식으로 인사 매너, 표정 매너, 대화 매너, 소개 매너, 테이블 매너 등이 있음

제1절 글로벌 트렌드의 이해 및 분석

1 글로벌화(세계화)의 개념

글로벌화는 교통 수단과 통신 수단 등의 발달로 한 지구 내에서 시공간적 개념이 점점 없어지고 모든 지구의 현상들이 단일 생활권 내에서 이루어진다는 전제에서 시작된다. 즉 시간과 공간이 축소되고 지역 및 국가 간의 상호 연관관계가 증가하여 이로 인해 네트워크의 다양성이 구축되고 경제 현상, 사회 구조 및 국제적 질서가 새롭게 재편되어 각 나라 및 사람들 간의 관계가 새롭게 변화하는 과정이라고 할 수 있다. 이와 비교하여 국제화는 국가 단위로 시장이 구성되었던 상황에서 한 국가의 기업이 다른 국가로 진출하는 것을 의미한다.[53]

세계는 돈을 중요시하는 자본주의 시대에서 인재를 중시하는 인재주의 시대로 변하고 있다. 글로벌화가 진행되면서 이러한 인적 자원(HR)의 역량이 증가하고 인재의 중요성도 점점 더 확대되고 있다. 한편, 글로벌 기업들은 성과를 유도하는 부분에 주안점을 두고 글로벌 보상 체계를 운영하기 때문에 국내 기업들은 기업 문화, 직원의 복지, 자기 개발 등에 더 신경을 써야 한다.

2 업무 관련 글로벌 트렌드 분석

미국의 국가정보위원회(National Intelligence Council, NIC)는 '글로벌 트렌드 2030: 대안적 세계' 미래 예측 보고서(2012)에서 4대 메가 트렌드 및 6대 변화 요인에 기반을 둔 4대 대안 시나리오를 제안하였다.[54] 이 제안을 통해 업무 관련 글로벌 트렌드를 분석할 수 있다.

1) 4대 메가 트렌드(Mega Trends)

4대 메가 트렌드(Mega Trends)는 확실하게 예측이 가능한 미래 변화를 요약한 내용이다.

---

53) 출처: 최승일·김동일(2014). 글로벌기업의 리더십유형이 경영성과에 미치는 영향. Journal of Digital Convergence, 12(10), pp. 191~199.

54) 출처: NIC(2012). Global Trends 2030: Alternative worlds. http://www.dni.gov.

① 개인의 권한 확대(Individual Empowerment)

② 권력의 분산(Diffusion of Power)

③ 인구 패턴의 변화(Demographic Patterns)

④ 식량·물·에너지 위기(Food·Water·Energy Nexus)

2) 6대 변화 요인(Game Changers)

6대 변화 요인은 4대 메가 트렌드에 영향을 미칠 수 있는 핵심 변화 요인을 의미한다.

① 세계 경제의 위기(Crisis-Prone Global Economy)

② 거버넌스의 차이(Governance Gap)

③ 분쟁 증가의 가능성(Potential for Increased Conflict)

④ 지역적 불안정성의 증가(Wider Scope of Regional Instability)

⑤ 신기술의 영향(Impact of New Technologies)

⑥ 미국의 역할(Role of the United States)

3) 4대 대안 시나리오

4대 대안 시나리오는 메가 트렌드와 변화 요인의 상호작용에 기반을 두고 2030년에 변화된 세계의 모습을 제시한 시나리오다.

- [시나리오 1] 멈춰버린 엔진(Stalled Engines)
  최악의 시나리오로 국제분쟁의 위험이 증가하고 미국의 역할이 축소된다는 시나리오다.
- [시나리오 2] 융합(Fusion)
  최상의 시나리오로 경제·사회·기술·정치가 포괄적으로 발전하며 새로운 균형을 이루게 된다는 시나리오다.
- [시나리오 3] 램프 밖으로 나온 지니(지니계수)(Gini out of the Bottle)
  국가 간 불평등 심화로 더 이상 미국은 국제경찰의 역할을 하지 않게 된다는 시나리오다.

- [시나리오 4] 비국가적인 세계(Nonstate World)

  비국가세력(NGO, 다국적 기업, 학술 기관, 부유층)들이 세계적인 난제에
  대처하는 과정을 주도하게 된다는 시나리오다.

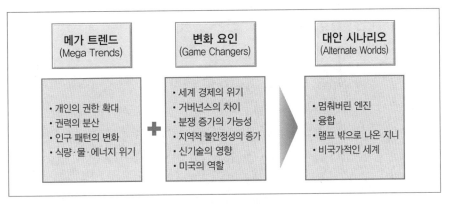

| 그림 5-1 | NIC Global Trends 2030 보고서의 글로벌 트렌드

4) 업무 관련 글로벌 트렌드 분석

글로벌 트렌드의 분석 범위는 폭넓지만 NIC Global Trends 2030은 국제적
으로 신뢰성 있는 자료이기 때문에 본 절에서는 NIC Global Trends 2030에
서 제시한 4대 메가 트렌드 및 6대 변화 요인을 토대로 여행사 업무 관련 글로
벌 트렌드의 분석 예시를 제안한다.

| 표 5-1 | 여행사 관련 글로벌 트렌드 분석

업무 분야	글로벌 트렌드	업무 적용의 방향
소비자 홍보 업무	개인의 권한 확대	단체 여행보다 개별 여행객에 초점을 맞춘 홍보
	인구 패턴의 변화	실버계층을 위한 상품 개발
예약 업무	신기술의 영향	PC 인터넷 예약 방식을 모바일 적용

사례연구

인구 패턴의 변화

국제정세에서 최근 가장 이슈가 되는 부분 중의 하나는 인구의 감소와 노령화이다. 저출산으로 생산 가능 인구는 감소하고 의료 기술의 발달로 노령 인구는 증가하게 되었다. 이러한 인구 패턴의 변화에 따른 문제들을 짚어보자.

1. 저출산, 고령화로 인해 생산 가능 인구의 1인당 노인 부양 인구 수가 증가하면서 청년들의 부담이 가중되고 있다. 실제로 일할 사람은 적어졌으나 복지 혜택을 받아야 할 사람은 증가하면서 복지 비용이 고갈되는 현상이 발생하여 젊은 층은 일을 많이 하고도 복지 혜택을 받지 못할 가능성도 생길 수 있게 된다.
2. 젊은 층의 인구 감소는 생산 가능 인구의 감소로 이어지고 이는 곧 국가 경쟁력의 상실로 이어진다. 특히 제조업과 수출에 의존하고 있는 한국은 노동력이 감소할 경우 경제 상황이 더욱 악화될 것으로 예상된다.
3. 일할 인구의 부족은 생산 능력이 있는 인구의 국제적 이동을 야기한다. 능력과 실력을 갖춘 인력은 선진국으로 향하게 될 것이고 특별한 기술이 없는 단순 노동자들은 후진국으로 이동하는 현상이 발생하면서 국가적 경제 차별화 현상이 발생할 것이다.

교육적 시사점

- 학령 인구의 감소와 노령화로 인해 한 자녀 가정과 노인들을 위한 상품 판매량이 급증할 것으로 예상된다.
- 노령화에 대비한 평생 교육 관련 사업의 장래가 유망하다.

탐구활동

1. NIC Global Trends 2030 보고서를 활용하여 나의 업무에 맞는 글로벌 트렌드를 분석하고 이를 작성해 보자.

업무 분야	글로벌 트렌드	업무 적용의 방향

2. NIC Global Trends 2030 보고서의 4대 메가 트렌드 중 '개인의 권한 확대'의 예를 작성해 보자.

> [예시]
> • 교육 수준의 증가로 정치 관여도 증가
> • 소셜미디어 등 통신 수단의 발달로 온라인 포럼 참여 권한의 확대

1)

2)

3)

3. 나의 업무와 관련하여 글로벌 트렌드 변화를 예측하고, 이를 기술해 보자.

학습평가

정답 및 해설 p.216

1 다음에 제시된 각 용어의 개념을 간단히 작성하시오.

① 글로벌화:

② 국제화:

※ 다음 문장의 내용이 맞으면 ○, 틀리면 ×에 ✓표시를 하시오.

2 글로벌화가 진행되면서 인적 자원의 역량이 증가하고 인재의 중요성도 점점 더 확대되고 있다. (○, ×)

3 '글로벌 트렌드 2030: 대안적 세계' 미래 예측 보고서(2012)에서 제시한 4대 메가 트렌드에 해당하지 않는 것을 고르시오.

① 개인의 권한 확대 　　　　② 권력의 집중

③ 인구 패턴의 변화 　　　　④ 식량·물·에너지 위기

4 '글로벌 트렌드 2030: 대안적 세계' 미래 예측 보고서(2012)에서 제시한 6대 변화 요인에 해당하지 않는 것을 고르시오.

① 세계 경제의 위기 　　　　② 분쟁 증가의 가능성

③ 신기술의 영향 　　　　　④ 지역적 불안정성의 감소

5 '글로벌 트렌드 2030: 대안적 세계' 미래 예측 보고서(2012)에서 제시한 4대 대안 시나리오에 해당하지 않는 것을 고르시오.

① 멈춰버린 기업

② 융합

③ 램프 밖으로 나온 지니(지니계수)

④ 비국가적인 세계

Tip

글로벌 동향 분석을 위한 자료 검색 팁

글로벌 동향을 분석하기 위해 많은 사람들이 구글, 네이버나 다음 등 다양한 검색 엔진을 이용하지만 단순 키워드 검색으로는 다양한 자료 확보가 어렵다. 이에 검색 엔진을 통한 효율적인 검색 방법을 몇 가지 소개한다.

1. 자신의 업무와 관련된 키워드를 개발한다

예를 들어 여행사의 예약 업무라면 '중국인 선호 여행지', '중국인 선호 음식' 등 중국인을 국내 관광으로 유도할 수 있는 키워드를 이용하여 중국인의 국내 여행 트렌드를 분석할 수 있다.

2. 간접 검색을 활용하여야 한다

예를 들어 해외 여행객의 입국 동향에 관한 자료를 찾을 때 검색 엔진에서 바로 검색해도 되지만 좀 더 정확하고 쉽게 정보를 찾기 위해서는 해외 여행객의 입국 동향을 조사·분석하는 기관을 검색 후 그 기관에서 자료를 찾는 것이 더 효율적이다. 이 예에서는 한국관광공사로 들어가면 쉽게 검색이 가능하다.

제2절 글로벌 트렌드 변화 대응

■ 대응 전략으로서의 글로벌 리더십

1) 글로벌 리더십의 의의

글로벌 시대에는 우리가 예상치 못했던 일들이 많이 발생할 것으로 예상된다. 특히 기업은 시시각각 변화하는 국제정세에 신속히 대응하여야 한다. 이를 위해서 가장 시급히 해결하여야 할 문제는 기업가 정신이다. 즉, 글로벌 기업으로의 전환을 위해서는 기업가에게 글로벌 리더십이 요구된다. 이에 글로벌 리더가 갖추어야 할 덕목을 제시해 본다.

첫째, 글로벌 리더십 역량을 지속적으로 개발하여야 한다. 둘째, 훌륭한 인재란 무엇인가에 대한 안목을 길러야 한다. 셋째, 인본주의를 바탕으로 성과 향상을 도모하여야 한다. 넷째, 젊은 세대를 위한 길잡이 역할을 하여야 한다. 다섯째, 최근 서구의 리더십 이론을 우리 것으로 만들어야 한다. 여섯째, 한국의 전통적인 관리 관행으로부터 교훈을 얻어야 한다. 일곱째, 정도 지향의 기업 목표를 달성하도록 리더십을 발휘하여야 한다.[57]

2) 글로벌 리더십의 조건 및 실천 과제

Rosen, Phillips, Digh&Singer(2000)는 28개국 75명의 CEO와 18개국 1000명의 CEO 및 임원을 대상으로 21세기 리더들이 어떻게 생각하고 행동하며, 인력을 운용해야 하는지에 대해 조사·분석하였다. 그들은 이 결과를 바탕으로 글로벌리더십의 조건 4가지를 제안하였다.

첫 번째는 '개인적 능력(Literacy)'으로 개방적이며 확고한 신념과 원칙, 실천력으로 무장된 개인적 능력을 지닌 리더만이 변화 대처 능력이 뛰어나고 높은 성과를 창출할 수 있다고 제안하였다. 두 번째는 다른 사람을 참여시키고 도전하는 능력인 '사회적 능력'으로 디지털 혁명 시대에는 전 세계적인 네트워크를 형성할 수 있는 협동적 리더가 필요함을 제안하였다. 세 번째는 자원을 동원하고 조직의 역량을 결집하는 능력인 '사업적 능력'으로 구성원들이 최선을 다할 수 있도록 환경을 조성하는 등 학습과 개혁의 문화를 구축하는 리더십을 제안하였다. 마지막으로 '문화적 능력'은 문화의 차이를 인식하고 그

것을 활용할 줄 아는 능력으로 사업은 글로벌이지만 시장은 로컬인 상황에서는 국가 간 문화적 차이를 알고, 활용할 수 있는 리더가 글로벌 리더라고 강조하였다.[56)]

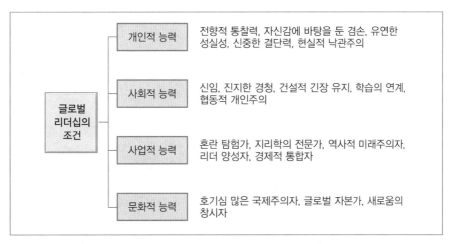

| 그림 5-2 | 글로벌 리더십의 조건

2 선진국 소비자의 가치 인식 변화

선진국 소비자는 경기 불황에 따라 소비 패턴이나 소비 시 추구하는 가치 등을 바꾼다. 예를 들어 경기 침체에 직면할 경우 미국은 사치품과 밝은 색 제품에 대한 선호도가 감소하는 반면 건강, 저축 등에 대한 소비가 증가하는 추세를 보인다. 영국이나 독일, 일본 등도 미국과 유사한 소비 패턴을 보이므로 향후 선진국 소비자를 공략하기 위해서는 선진국 소비자가 제품 구매 시 추구하는 가치에 대한 분석이 우선시되어야 할 것이다.

55) 출처: 신유근(2005). 한국형 글로벌 리더십. 노사관계연구, 16(12월호), pp. 177~218.
56) 출처: Rosen, R., Phillips, C., Digh, P.,&Singer, M. (2000). Global Literacies: Lessons on Business Leadership and National Cultures. New Jersey: Simon&Schuster.

| 표 5-2 | 선진국 소비자의 가치 인식 변화

구분	변화	미국	독일	영국	프랑스	일본	중국
2년 전부터 중요성 증가	⬆	건강	건강	돈에 대한 가치	건강	건강	가정
		저축	돈에 대한 가치	건강	지역 성장 상품	저축	건강
		돈에 대한 가치	평안	안정	돈에 대한 가치	안정	가족
2년 전부터 중요성 감소	⬇	사치	사치	사치	사치	사치	사치
		지위	종교	종교	종교	직업적 성공	종교
		밝은 색	영성 (심령)	지위	직업적 성공	지위	장인정신

주) 음영은 중요성 증가 및 감소에서 변화가 있음을 의미함

출처: BCG(2012. 05. 14). Consumers Intensify Their Vow to 'Save More, Spend Less'

3 글로벌 기업의 대응 전략

기업들은 세계적인 소비 패턴 변화를 향시 주시하고 변화에 따라 상품 전략이나 마케팅 방향을 수시로 수정하여야 치열한 경쟁에서 살아남을 수 있다. 특히 글로벌 기업은 내수 시장보다 세계 시장에서의 승패에 따라 생사가 좌우되기 때문에 글로벌 트렌드 변화에 즉각적으로 반응하고 대응할 필요가 있다. 다음은 글로벌 기업들이 글로벌 트렌드 변화에 대응하기 위한 6가지 전략[57]이다.

- 소비자가 원하는 본질에 충실한 전략을 구사하여야 한다.
- 과거의 관념을 넘어선 혁신을 추구하여야 한다.

- 온·오프라인을 융합한 옴니채널(Omni-Channel)로 고객을 유인하여야
  한다.
- 구매 심리를 자극하는 소비책을 제시하여야 한다.
- 기발한 고객 참여 기법으로 세일즈 토크를 유발하여야 한다.
- 웰빙과 힐링의 소통 메시지를 활용하여야 한다.

---

57) 출처: 박현수·이동훈·홍선영·김경훈(2013). 선진국 소비 트렌드와 글로벌 기업의 대응. CEO Information, 888호. 삼성경제연구소. 본문 참고.

사례연구

선진국의 소비 시장 위축이 주는 메시지

선진국의 소비 시장 위축은 글로벌 트렌드에 대응할 필요성을 제시한다. 글로벌 금융 위기 이후 선진국의 소비 심리는 극도로 악화되었고 소비 패턴도 변화하고 있다. 전 세계적인 금융 위기, 노령화로 인한 생산 인구 감소, 실업률 상승에 따른 소득 감소, 경제 환경의 불확실성 증가 등은 소비 정체로 이어졌다. 특히 선진국은 성장 부진과 불안정을 일시적 현상이 아닌 일상적 현상으로 받아들여 미래에 대해 불안을 느끼는 소비자가 증가하고 있고 다가올 세대가 현 세대에 비해 더 나은 생활을 할 것이라는 기대도 점점 사라져 가고 있다. 예를 들어, '다음 세대가 현재 세대보다 더 나은 삶을 살 것이다.'라는 질문에 미국과 서유럽 선진국들은 30% 이하만이 그럴 것이라고 응답하였다. 반면 중국은 약 83%가 그럴 것이라고 응답하여 미래 세대에 대한 가능성을 열어 두고 있었다.

다음 세대가 현재 세대보다 더 나은 삶을 살 것이다

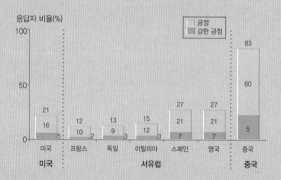

한편, '미래에 대한 불안감' 조사에서 미국과 서유럽 국가들은 약 50% 이상이 미래에 대해 불안을 느낀다고 응답한 반면 중국은 약 28%만이 불안감을 느낀다고 응답하였다. 이처럼 세계 소비 시장의 바로미터인 선진국 시장이 미래에 대한 불안감을 갖고 있고 다양한 문제로 인해 미래 세대의 삶이 피폐해질 것으로 예상하고 있기 때문에 이에 대한 장기적인 대응책이 필요하다.

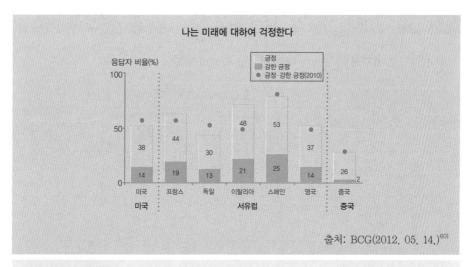

출처: BCG(2012. 05. 14.)[60]

교육적 시사점

- 선진국 소비자의 선호도를 파악하여야 한다.
- 선진국 소비자의 국내 시장 유도를 위해 국내 정치 및 경제의 안전과 관련된 상품 개발이 필요하다(안보 관광 등).

---

58) 출처: BCG(2012. 05. 14.). Consumers Intensify Their Vow to 'Save More, Spend Less'. The Boston Consulting Group. http://www.bcg.co.kr/media/PressReleaseDetails.aspx?id=tcm:113-105256.

탐구활동

1. 선진국 소비자를 유도하기 위한 방안을 작성해 보자.

3대 트렌드	선진국 소비자 유도 방안
지출 가치 극대화	
심신 건강 최우선	
혁신 상품 심취	

2. 선진국 외의 우리나라 주변 국가 소비자의 가치 인식 변화를 조사한 후 이를 작성해 보자.

구분	중국	홍콩	대만	필리핀	호주	말레이시아	베트남
중요성 증가							
중요성 감소							

3. 우리 회사가 해외에 진출할 경우 고려해야 할 대응 전략에 대해서 작성해 보자.

〈소비자 관점〉

〈공급자 관점〉

〈홍보마케팅 관점〉

학습평가

정답 및 해설 p.216

1 글로벌 리더십의 개념을 간단히 작성하시오.

2 글로벌 리더가 갖추어야 할 덕목으로 적절하지 않은 것을 고르시오.

① 글로벌 리더십 역량을 지속적으로 개발하여야 한다.

② 성과주의를 바탕으로 기업 확장을 도모하여야 한다.

③ 젊은 세대를 위한 길잡이 역할을 하여야 한다.

④ 훌륭한 인재란 누구인가에 대한 안목을 길러야 한다.

3 글로벌 리더십의 조건 중 ①~④에 알맞은 말을 채워 넣으시오.

	①	전향적 통찰력, 자신감에 바탕을 둔 겸손, 유연한 성실성, 신중한 결단력, 현실적 낙관주의
글로벌 리더십의 조건	②	신임, 진지한 경청, 건설적 긴장 유지, 학습의 연계, 협동적 개인주의
	③	혼란 탐험가, 지리학의 전문가, 역사적 미래주의자, 리더 양성자, 경제적 통합자
	④	호기심 많은 국제주의자, 글로벌 자본가, 새로움의 창시자

4 글로벌 기업의 소비 패턴 대응 전략으로 적절한 것을 고르시오.

① 소비자가 원하는 본질에 충실한 전략을 구사한다.

② 과거의 관념에 집착하고 변화하지 않는다.

③ 온라인 광고 위주로 소비자를 유도한다.

④ 건설과 개발의 소통 메시지를 활용한다.

국제감각 키우기

1. 국제적으로 통용되는 외국어 능력 한두 가지 정도는 길러야 한다

기본적으로 영어 말하기와 듣기 능력을 갖추어야 한다. 시간적 여유가 있다면 중국어나 일본어 중 하나에 시간을 투자하는 것도 국제감각을 키우는 데에 유용할 것이다.

2. 글로벌 시민의식을 가져야 한다

최근 국가 간에 많은 분쟁이 발생하는데 이는 서로 간의 문화를 이해하지 못하였기 때문이다. 따라서 이기주의, 인종 차별, 편협한 민족주의 등을 과감히 떨쳐 버리고 서로를 이해하며 협력하는 마음가짐을 가져야 한다.

3. 국제 자원봉사 활동에 참가하라

국내에서는 KOICA 해외 봉사단이 대표적이다. 기회가 될 경우 젊을 때 해외 자원봉사 활동에 참가한다면 다른 나라를 이해하는 데에 많은 도움이 될 것이다.

제3절 글로벌 시대의 글로벌 매너

■ 글로벌 매너의 내용

글로벌 시대의 글로벌 매너는 21세기를 살아가는 모든 비즈니스맨들의 기본이 되는 중요한 요소이다. 비즈니스의 성공 여부는 언어와 행동을 통한 의사소통과 대인관계에 의해 좌우될 수 있기 때문이다. 외국의 비즈니스 파트너를 만날 때 문화 커뮤니케이션에서 오는 다양한 문제를 해결하고 적절한 행동 양식을 숙지 해야만 세계 비즈니스 시장에서 살아남을 수 있을 것이다. 글로벌 매너로는 인사 매너, 표정 매너, 대화 매너, 소개 매너, 테이블 매너 등이 있다.[59]

1) 인사(人事) 매너

인사는 사람이 하는 일이란 뜻으로 사람이 가장 사람다울 수 있는 행위이다. 문화가 달라도 서로 주고받는 인사 한 마디는 불안감이나 적대감을 해소시켜 주고 어색했던 분위기를 풀어주며 닫혀 있던 마음의 벽을 열어 준다. 따라서 외국인과 파트너십 형성 시 각국의 다양한 인사법을 미리 익혀두는 것은 좋은 글로벌 매너가 될 것이다.

2) 표정 매너

얼굴 표정은 다른 사람의 시선에 노출되어 있기 때문에 상대방이 가장 빠르게 나의 마음을 읽을 수 있는 매너 수단이다. 표정은 외국인과 비즈니스 관계를 맺을 때 호감을 살 수 있는 좋은 수단이기 때문에 친밀감 형성을 위해 표정 관리는 필수적이다.

3) 대화 매너

대화 매너는 언어 구사 능력뿐만 아니라 말투에 의해 크게 좌우된다. 말은 한 사람의 인격을 대변하기 때문에 상대방에게 좋은 인상을 주고 싶으면 자신만의 매력적인 목소리를 만들 필요가 있다. 또한 대화 중간 중간에 'Please',

---

59) 출처: 배상남·서현(2013). 대학생의 국제 매너 교육 인식에 관한 연구: 서울 D대학 사례를 중심으로. 관광레저연구, 25(5), pp. 345~356.

'Thank you', 'Sorry', 'Excuse me' 등을 사용하는 습관을 들이면 상대방이 나를 겸손하게 생각해서 더 나은 파트너십이 형성될 수 있다.

4) 소개 매너

소개 매너는 사교장이나 파티장에서 주로 필요한 매너이다. 자신 또는 누군가를 소개하는 것은 상대에 대한 배려이므로 참석자의 이름, 직업, 역량 등을 잘 기억해 두는 것이 좋다.

5) 테이블 매너

테이블 매너는 식사나 티타임 때 필요한 예절로 연회나 사교 모임, 비즈니스 접대 시 활용할 수 있는 매너이다. 장소와 시간, 상황에 따라 어울리는 복장과 식사 태도 등이 다르기 때문에 해당 국가에 맞는 테이블 매너를 준비하는 것이 좋다.

2 국제업무에 필요한 기본 글로벌 매너

국제업무 시 대부분의 국가에서 필요한 기본 글로벌 매너로 인사, 악수, 명함 전달, 소개 시 주의사항 등이 있다. 전 세계에서 공통적으로 사용되는 기본 글로벌 매너를 알아보자. 다음은 한국관광공사에서 제공하는 글로벌 에티켓을 정리한 것이다.[60]

| 표 5-3 | 행동별 글로벌 에티켓

구분	글로벌 에티켓
인사	모르는 사이라고 해도 같은 공간에 있는 사람에게 친근하게 인사를 건네고 얼굴에 웃음을 띠는 것은 외국에서는 당연한 에티켓이다. 이제부터 외국인을 만나면 웃으면서 인사해 보자.
소개	• 상대의 이름과 직함을 정확히 말한다. • 소개를 받은 후 종교, 정치, 신체 등과 관련된 내용은 초면인 사람과는 피해야 한다. 가장 손쉽게 접근할 수 있는 주제는 문화, 예술, 여행, 스포츠 등이다.

악수	• 악수는 오른손으로 하는 것이 원칙이다.
	• 상대가 악수를 청할 때 남성은 반드시 일어서야 하지만 여성은 앉은 채로 악수를 받아도 괜찮다.
	• 남성은 악수할 때 장갑을 벗는 것이 예의지만 여성은 실외에서 악수를 하는 경우 반드시 장갑을 벗지 않아도 된다.
	• 악수를 하면서 가벼운 인사말도 함께 한다.
	• 연소자가 연장자에게 소개되었을 경우 먼저 악수를 청해서는 안 된다.
	• 외국인 부부를 소개받은 경우 동성 간에는 악수를 하고 이성 간에는 간단한 목례로 대신한다.
명함 수수	• 명함 건네는 방법 　– 아랫사람이 윗사람에게 건넨다. 　– 상대를 기다리게 하고 명함을 찾는 것은 매너에 어긋나는 일이다. 　– 명함은 선 자세로 교환한다. 　– 자기의 성명이 상대방 쪽에서 바르게 보이도록 준다. 　– 15도 정도로 가볍게 목례하면서 가슴 높이 선에서 건네준다. • 명함 받는 방법 　– 명함은 오른손으로 건네고 왼손으로 받는다. 　– 명함은 두 손으로 잡고 본다. 　– 자신의 명함이 없으면 양해를 구한다. 　– 명함을 받자마자 호주머니에 넣는 것은 실례이다. 　– 상대가 여러 명일 경우, 한 사람씩 명함을 건네고 받는다. 　– 회의 석상에서 명함을 받으면 책상 위 오른쪽에 놓는다.

---

60) 출처: 한국관광공사(2015). 한국관광공사와 함께하는 글로벌에티켓. http://korean.visitkorea.or.kr/globaletiquette/index. jsp. 저작권 http://kto.visitkorea.or.kr/kor/helpDesk/copyrightGuide.kto.

사례연구

21세기 한국인의 매너에 대한 반성

1. 소득 수준에 맞는 레저 문화를 정립해야

'때밀이 수건을 아침에 백 개 놓아 두면 영업 시간이 끝난 후 35개가 분실된다. 레저 업체 이름까지 찍힌 수건이 분실되고 목욕 후 얼굴에 바르는 로션이 수시로 없어지고 머리를 말리는 드라이어도 분실되고⋯' 어느 동네 목욕탕 얘기가 아니라 중산층 이상이 즐겨 찾는 고급 리조트 내 사우나의 현실이다. 우리 레저 문화의 현주소다.

사우나탕의 수건이나 화장품은 물론이고 복도에 걸어 놓은 액자나 객실의 수도꼭지까지 남의 눈을 피해 슬쩍 가방에 넣고 나오는 사람들이 적지 않다. 상류층이 즐겨 찾는 골프장도 예외는 아니다. 매너 스포츠인 골프를 하면서 큰소리를 치고 거액의 내기 골프를 한다. 늑장 플레이를 할 경우 뒤 팀의 불평을 들어야 하며, 플레이를 끝낸 후 샤워장에 수건을 바닥에 아무렇게나 던져 놓는 꼴불견들이 적지 않다. 소득 수준 3만 달러 시대에 5천 달러 수준의 저급한 레저 문화들에 대한 반성이 필요하다.

2. 관광 업소 현장에서 본 무질서

얼마 전 어떤 가족이 호텔에서 묵으면서 주말을 보냈다. 다음날 아침 식당에서 식사를 하는 데 7세와 5세쯤 된 아이들이 소리를 지르면서 테이블 주위를 뛰어다니고 포크를 바닥에 던지는 등 소란을 피웠다. 식당에 많은 외국 손님들이 눈살을 찌푸렸지만 아이들의 부모는 1시간 넘게 식사를 하면서도 이를 제지하지 않았다.

부모들은 돈을 얼마 내고 어떤 혜택과 서비스를 누릴 수 있는지는 잘 알면서도, 다른 투숙객들에게 폐를 끼치지 않도록 아이들에게 어떤 점을 조심시켜야 하는지는 잘 모르는 것 같다. '내가 돈을 냈으니까 그만큼 대접받고 서비스를 받아야 한다.'는 권리 의식만 앞서고 '여러 사람이 공동으로 이용하는 공간이니까 남을 배려하고 예의를 갖추어야 한다.'는 책임 의식이 많이 부족하다. 외국인들의 경우 호텔 식당에 손님이 몰려 오랫동안 줄을 서더라도 불만을 표시하는 경우가 거의 없다. 불합리한 일에 대해서는 철저하게 따지지만 납득할 만한 일에 대해서는 불편을 감수한다. 매너를 지킴으로써 더 대접받을 수 있는 곳이 호텔이라는 점을 좀 더 인식하였으면 좋겠다.

출처: 조영대(2010)[63]

교육적 시사점

- 그 나라의 문화를 보면 소득 수준을 파악할 수 있다고 한다. 레저를 즐길 때도 업무의 연장이라고 생각하고 예절을 지키자.
- 건전한 시민의식을 통해 자신 스스로의 권리를 찾을 수 있다.

---

61) 출처: 조영대(2010). 《글로벌 에티켓과 매너》. 서울: 백산출판사. 본문 참고.

탐구활동

1. 문화적 차이에 따른 국가별 에티켓을 아는 대로 작성해 보자.

국가명	상황	에티켓
미국	택시 타기	택시 보조석은 착석 금지: 미국에서 택시를 탈 때는 운전자 옆자리에 앉지 않도록 주의하여야 한다. 택시 앞 좌석(보조석 포함)은 운전자만의 공간이기 때문이다.

2. 자신이 경험해 본 글로벌 에티켓을 작성해 보자.

국가명	상황	에티켓

3. 【사례연구】를 읽고 한국인이라서 부끄러움을 느꼈던 상황이 있다면 이를 작성해 보자.

학습평가

정답 및 해설 p.216

1 다음에 제시된 용어의 개념을 간단히 작성하시오.

① 글로벌 매너:

② 테이블 매너:

※ 다음 문장의 내용이 맞으면 ○, 틀리면 ×에 ✓표시를 하시오.

2 인사 매너는 불안감이나 적대감을 해소시켜 주고 어색했던 분위기를 풀어 주는 글로벌 매너다. (○, ×)

3 다음 중 명함 수수 매너로 적절하지 않은 것을 고르시오.

① 아랫사람이 윗사람에게 건넨다.

② 명함은 선 자세로 교환한다.

③ 자기의 성명이 상대방 쪽에서 반대로 보이도록 준다.

④ 15도 정도로 가볍게 목례하면서 가슴 높이 선에서 건네준다.

Tip

실수하기 쉬운 국가별 에티켓

1. V자 사인

영국에서는 손등이 상대를 향하면 심한 욕설이 된다.

2. OK 사인

1) 대부분의 나라: '승인'이나 '긍정'의 의미를 뜻한다.

2) 한국, 일본: 돈을 의미한다.

3) 프랑스 남부: '아무 것도 없음', '가치가 없음'을 의미한다.

3. 엄지 세우기

1) 대부분의 나라: '최고'를 의미한다.

2) 중동: '음란한 행위'를 의미한다.

3) 독일: 숫자 '1'을 의미한다.

4) 오스트레일리아: '거절', '무례함'을 의미한다.

5) 러시아: '나는 동성애자입니다.'라는 의미를 담고 있다.

4. 윙크

인도, 오스트레일리아: 모욕을 주는 것으로 이해한다.

5. 머리 끄덕이기

1) 대부분의 나라: 긍정의 의미인 'YES'를 의미한다.

2) 터키: 'NO'를 의미한다.

6. 턱 두드리기

1) 이탈리아: '흥미 없다.'는 의미이다.

2) 브라질: '모르겠다.'는 의미이다.

출처: 한국관광공사[62]

---

62) 출처: 한국관광공사(2015). 한국관광공사와 함께하는 글로벌에티켓. http://korean.visitkorea.or.kr/globaletiquette/index.jsp. 저작권 http://kto.visitkorea.or.kr/kor/helpDesk/copyrightGuide.kto.

전 세계의 공통 에티켓

해외 바이어 미팅을 하거나 해외 업무를 볼 경우 각 나라의 모든 문화를 파악하기 어렵다. 하지만 인간 사회에서 공통적으로 지켜야 할 기본 예절만 잘 지킨다면 서로 기분 나쁘지 않게 의사소통할 수 있다.

1. 가능한 손동작을 조심하라.

각 나라마다 손동작이 다른 의미로 해석될 수 있기 때문에 손동작을 하기 전에 한 번쯤은 생각을 해 보고 손가락은 모두 펼친 상태에서 동작을 할 필요가 있다. 또한 불필요한 제스처는 가능한 하지 않는 것이 좋다.

2. 가능한 상대방을 바라보면서 상대방의 말에 귀를 기울여라.

대화 상대자가 서로를 보면서 이야기를 하는 것은 세계 공통적인 문화일 것이다. 이는 서로에게 호감과 관심이 있다는 의미이기 때문이다. 물론 특정 부위를 집중적으로 보면서 대화하는 것은 자제하여야 할 것이다.

3. 가능한 좋은 말을 쓰려고 노력하라.

사람은 자라면서 자국의 언어나 외국어를 배울 때 나쁜 말부터 배운다고 한다. 가능한 나쁜 말들을 제외하고 좋은 말들만 사용하려고 노력하라. 그러면 대화 상대도 좋은 말들로 응대할 것이다.

학/습/정/리

1. 글로벌화는 시간과 공간이 축소되어 지역 및 국가 간의 상호 연관관계가 증가하며 이로 인해 네트워크의 다양성이 구축되고 경제 현상, 사회 구조 및 국제적 질서가 새롭게 재편되어 각 나라 및 사람들 간의 관계가 새롭게 변화되는 과정이다.

2. '글로벌 트렌드 2030: 대안적 세계' 미래 예측 보고서(2012)에서 제시한 4대 메가 트렌드는 다음과 같다.

    1) 개인의 권한 확대(Individual Empowerment)

    2) 권력의 분산(Diffusion of Power)

    3) 인구 패턴의 변화(Demographic Patterns)

    4) 식량·물·에너지 위기(Food·Water·Energy Nexus)

3. '글로벌 트렌드 2030: 대안적 세계' 미래 예측 보고서(2012)에서 제시한 6대 변화 요인은 다음과 같다.

    1) 세계 경제의 위기(Crisis-Prone Global Economy)

    2) 거버넌스의 차이(Governance Gap)

    3) 분쟁 증가의 가능성(Potential for Increased Conflict)

    4) 지역적 불안정성의 증가(Wider Scope of Regional Instability)

    5) 신기술의 영향(Impact of New Technologies)

    6) 미국의 역할(Role of the United States)

4. '글로벌 트렌드 2030: 대안적 세계' 미래 예측 보고서(2012)에서 제시한 4대 대안 시나리오는 다음과 같다.

    1) [시나리오 1] '멈춰버린 엔진(Stalled Engines)'

    2) [시나리오 2] '융합(Fusion)'

    3) [시나리오 3] '램프 밖으로 나온 지니(지니계수)(Gini out of the Bottle)'

    4) [시나리오 4] '비국가적인 세계(Nonstate World)'

5. 글로벌 리더는 개인적 능력, 사회적 능력, 사업적 능력, 문화적 능력을 고루 갖추어야 한다.

6. 급변하는 기업 환경 변화에 대한 글로벌 기업의 대응 전략은 다음과 같다.

    1) 소비자가 원하는 본질에 충실한 전략을 구사하여야 한다.

    2) 과거의 관념을 넘어선 혁신을 추구하여야 한다.

    3) 온·오프라인을 융합한 옴니채널(Omni-Channel)로 고객을 유인하여야 한다.

    4) 구매 심리를 자극하는 소비책을 제시하여야 한다.

    5) 기발한 고객 참여 기법으로 세일즈 토크를 유발하여야 한다.

    6) 웰빙과 힐링의 소통 메시지를 활용하여야 한다.

7. 글로벌 매너는 인사 매너, 표정 매너, 대화 매너, 소개 매너, 테이블 매너 등이 있다.

8. 소개를 받은 후 종교, 정치, 신체 등과 관련된 내용은 초면인 사람과는 피해야 한다. 가장 손쉽게 접근할 수 있는 주제는 문화, 예술, 여행, 스포츠 등이다.

사후 평가[65]

체크리스트

직업기초능력으로서 조직이해능력을 학습한 것을 토대로 다음 표를 이용하여 자신의 수준에 해당되는 칸에 ✔ 표 하시오.

구분	문항	매우 미흡	미흡	보통	우수	매우 우수
조직이해 능력	1. 나는 내가 속한 조직들을 나열할 수 있다.	1	2	3	4	5
	2. 나는 조직이해의 필요성을 설명할 수 있다.	1	2	3	4	5
	3. 나는 내가 속한 조직의 유형을 구분할 수 있다.	1	2	3	4	5
	4. 나는 경영이해능력의 중요성을 설명할 수 있다.	1	2	3	4	5
	5. 나는 경영자의 역할을 구분할 수 있다.	1	2	3	4	5
	6. 나는 체제이해능력의 중요성을 설명할 수 있다.	1	2	3	4	5
	7. 나는 조직체제의 구성 요소를 구분할 수 있다.	1	2	3	4	5
	8. 나는 업무이해능력의 중요성을 설명할 수 있다.	1	2	3	4	5
	9. 나는 환경이 조직에 미치는 영향을 설명할 수 있다.	1	2	3	4	5
	10. 나는 국제감각의 중요성을 설명할 수 있다.	1	2	3	4	5
	11. 나는 조직변화 전략을 수립할 수 있다.	1	2	3	4	5
	12. 나는 조직과 나의 관계를 설명할 수 있다.	1	2	3	4	5
경영이해 능력	1. 나는 내가 속한 조직의 경영 구성 요소별 특징을 설명할 수 있다.	1	2	3	4	5
	2. 나는 내가 속한 조직의 경영 과정을 설명할 수 있다.	1	2	3	4	5
	3. 나는 내가 속한 조직의 의사결정 과정을 설명할 수 있다.	1	2	3	4	5
	4. 나는 효과적으로 집단의사결정에 참여할 수 있다.	1	2	3	4	5
	5. 나는 내가 속한 조직의 경영전략을 설명할 수 있다.	1	2	3	4	5
	6. 나는 경영전략 추진 과정을 설명할 수 있다.	1	2	3	4	5
	7. 나는 경영전략의 유형을 구분할 수 있다.	1	2	3	4	5
	8. 나는 경영참가제도의 유형을 구분할 수 있다.	1	2	3	4	5

체제이해 능력	1. 나는 내가 속한 조직의 목표를 설명할 수 있다.	1	2	3	4	5
	2. 나는 다양한 조직목표를 분류할 수 있다.	1	2	3	4	5
	3. 나는 전체 조직구조에서 나의 위치를 확인할 수 있다.	1	2	3	4	5
	4. 나는 내가 속한 조직구조의 특징을 설명할 수 있다.	1	2	3	4	5
	5. 나는 조직문화의 기능을 설명할 수 있다.	1	2	3	4	5
	6. 나는 내가 속한 조직문화 유형의 특징을 설명할 수 있다.	1	2	3	4	5
	7. 나는 내가 속한 집단의 특징을 설명할 수 있다.	1	2	3	4	5
	8. 나는 내가 속한 집단과 다른 집단 간의 관계를 설명할 수 있다.	1	2	3	4	5
업무이해 능력	1. 나는 내가 속한 조직의 업무를 분류할 수 있다.	1	2	3	4	5
	2. 나는 주어진 업무의 특성을 설명할 수 있다.	1	2	3	4	5
	3. 나는 조직의 업무지침을 설명할 수 있다.	1	2	3	4	5
	4. 나는 주어진 업무를 수행하는 데 활용할 수 있는 자원을 설명할 수 있다.	1	2	3	4	5
	5. 나는 업무수행 시트를 작성할 수 있다.	1	2	3	4	5
	6. 나는 나의 업무수행의 방해 요소를 나열할 수 있다.	1	2	3	4	5
	7. 나는 조직 내 갈등을 효과적으로 관리할 수 있다.	1	2	3	4	5
	8. 나는 업무 스트레스를 효과적으로 관리할 수 있다.	1	2	3	4	5
국제감각	1. 나는 직장생활에서 국제적 식견과 능력이 필요한 이유를 설명할 수 있다.	1	2	3	4	5
	2. 나는 다른 나라 고유의 문화를 인정할 수 있다.	1	2	3	4	5
	3. 나는 이문화 커뮤니케이션의 종류를 구분할 수 있다.	1	2	3	4	5
	4. 나는 국제동향을 파악하는 방법을 설명할 수 있다.	1	2	3	4	5
	5. 나는 전공과 관련된 국제적인 법류와 규정의 중요성을 설명할 수 있다.	1	2	3	4	5
	6. 나는 전공과 관련된 국제동향을 파악할 수 있다.	1	2	3	4	5
	7. 나는 외국인의 문화를 고려하여 적절히 인사할 수 있다.	1	2	3	4	5
	8. 나는 외국인의 문화를 고려하여 식사예절을 갖출 수 있다.	1	2	3	4	5

63) 출처: 한국산업인력공단, 《직업기초능력 조직이해능력 학습자용 워크북》, pp. 141~143, 국가직무능력표준 홈페이지(http://www.ncs.go.kr)

평가 방법

체크리스트의 문항별로 체크한 결과를 아래 표에 기록하여 평균을 적어 보자.

학습모듈	점수		총점	총점/문항 수	교재 Page
조직이해능력	1점 × ( )개			총점/12 = ( )	pp. 14~27
	2점 × ( )개				
	3점 × ( )개				
	4점 × ( )개				
	5점 × ( )개				
경영이해능력	1점 × ( )개			총점/8 = ( )	pp. 30~99
	2점 × ( )개				
	3점 × ( )개				
	4점 × ( )개				
	5점 × ( )개				
체제이해능력	1점 × ( )개			총점/8 = ( )	pp. 102~139
	2점 × ( )개				
	3점 × ( )개				
	4점 × ( )개				
	5점 × ( )개				
업무이해능력	1점 × ( )개			총점/8 = ( )	pp. 142~175
	2점 × ( )개				
	3점 × ( )개				
	4점 × ( )개				
	5점 × ( )개				
국제감각	1점 × ( )개			총점/8 = ( )	pp. 178~205
	2점 × ( )개				
	3점 × ( )개				
	4점 × ( )개				
	5점 × ( )개				

평가 결과

모듈별 평균 점수가 3점 이상이면 '우수', 3점 미만이면 '부족'이므로, 평가 수준이 '부족'인 학습자는 해당 학습모듈의 교재 Page를 참조하여 다시 학습하십시오.

NCS
직업기초능력평가

조직
이해
능력

정답 및 해설

정답 및 해설

제1장 1절 p.19

1 정답: ① 두 사람 이상이 공동의 목표를 달성하기 위해 특정한 목적을 가지고 구성된 상호작용과 조정을 행하는 행동의 집합체
② 사람들이 일을 하는 데 필요한 물리적 장소
③ 직장생활을 하는 대표적인 조직으로 노동, 자본, 물자, 기술 등을 투입하여 제품이나 서비스를 생산하는 사업체
④ 조직에 적응하기 위한 개인의 행동적 측면, 태도적 측면, 지식적 측면과 관련된 총체적 능력

2 정답: ○

3 정답: ×
해설: 조직은 2인 이상이어야 한다.

4 정답: ×

5 정답: ③
해설: ③ 업무이해능력이 적절하다.

6 정답: ④
해설: ④ 경영이해능력은 개인이 속한 조직의 비전과 목표를 이해하여 조직의 방향성을 예측하고, 경영의 효율적 조정을 위해 조직의 방향성에 자신의 업무를 맞추어 관리하며, 업무 추진 시 최대의 성과 도출을 위해 생산성을 향상할 수 있는 방법을 꾸준히 모색하는 능력이다.

제1장 2절 p.25

1 정답: ○

2 정답: ○

3 정답: ×
해설: 성인기에는 기업이 주 무대이다.

4 정답: ○

5 정답: ×
해설: 소통이 경직되면 업무성과가 감소한다.

6 정답: ②
해설: ② 문제가 되지 않는 것들을 가지고 싸우지 말라.

제2장 1절 p.57

1 정답: ① 기업이나 사업 따위를 관리하고 운영하는 것을 의미하며 좀 더 폭넓게는 사업을 함에 있어 계획을 세우고 추진 전략을 수립하여 전략을 수행하는 행위
② 희소한 경영자원을 배분하여 기업의 경쟁 우위를 창출하고 이를 유지할 수 있게 하는 주요한 의사결정
③ 목적과 유사한 개념으로 경영전략과 전술을 통해 달성하고자 하는 미래의 어떤 상태
④ 기업을 둘러싸고 있는 위협과 기회 요소를 파악하여 향후 기업에 미치는 영향을 분석하며 위협은 최소화하고 기회는 활용하는 방향을 도출하는 과정
⑤ 경쟁자, 고객, 공급자, 규제 기관에 대한 분석으로 기업의 과업 환경에 영향을 미치는 '그들은 누구'이며, '무엇을 하는지(사업 구조, 제품, 조직)', '그들의 강·약점', '자사와 비교하여 경쟁력은 어느 정도인지', '미래 동향' 등을 파악하기 위한 분석
⑥ 기업의 강점과 약점을 분석하여 기업의 경영자원과 핵심 역량을 파악하고, 조직구조, 기업 문화, 리더십 등을 조직이나 기업에 맞게 설정하기 위해 실시하는 분석

2 정답: ○

3 정답: ○

4 정답: ①
해설: ①은 전략, ②, ③, ④는 전술에 해당한다.

5 정답: ④
해설: ④ 전술의 예이다.

6 정답: ① 어떤 영역으로 나아갈 것인가?

② 기업의 방향, 종사원이 해당 기업에서 해야 할 역할 등 타 기업과 차별화할 수 있는 부문을 설정하여야 한다.

③ 비전은 기업 구성원에게 의미 있고 가치 있는 메시지를 전달할 수 있어야 하고 그 메시지에 의해 조직이나 기업 구성원의 행동이 변화될 수 있어야 한다.

7 정답: ②

해설: ② 구체적인 행동 계획은 전술에 해당한다.

8 정답: ○

9 정답: ×

해설: 성장 전략에는 집중화 전략, 다각화 전략 등이 있다.

10 정답: ○

11 정답: ×

해설: BCG매트릭스는 스타형, 현금젖소형, 물음표형, 개형의 4개 유형으로 구분된다.

12 정답: ×

해설: 자본은 강점에 해당한다.

13 정답: ②

해설: ② 2단계: 기업의 내·외부 시장 상황 분석

14 정답: ③

15 정답: ①

해설: ① 외부 과업 환경에 해당한다.

────────────────────────

제2장 2절 p.74

1 정답: ① 경영자가 조직의 목표를 달성하기 위해서 조직 구성원에 대하여 직접적·간접적으로 영향을 행사하는 과정에서 발휘되는 경영자의 기업 운영 방식 또는 개인적 특성

② 경영자인 리더가 계획하고 목표로 하는 기업의 방향에 부합하는 행동과 의견을 제시하면서 리더가 성공할 수 있도록 지원하는 과정에서 발현되는 조직 구성원의 능력

③ 기업의 이윤과 조직의 효율적 운영을 위해서 조직의 모든 경영 및 운영

에 관한 계획과 투자 및 신규 사업에 대한 의사결정을 총괄하는 기업의 관리 주체이자 조직의 자본, 자원, 인력, 하드웨어, 금융 자원 등을 적절하게 배분하고 지휘 및 통제하는 사람

2 정답: ④

해설: ④ 제품 검수는 관리자급 이하 직원의 역할이다.

3 정답: ○

4 정답: ×

해설: 2인 이상 기업에서 리더십이 발휘된다.

5 정답: ×

해설: 제왕적 리더십은 민주적이 아닌 독재적으로 조직을 운영한다.

6 정답: ○

7 정답: ×

해설: 팀형이 가장 이상적이다.

8 정답: ○

9 정답: ○

10 정답: ①

11 정답: ②

12 정답: ③

────────────────────────

제2장 3절 p.86

1 정답: ① 조직의 문제해결과 관련된 여러 대안 가운데서 미래에 발생할 현상을 결정자가 의도하는 쪽으로 유도하기 위해 하나의 대안을 선택하는 과정

② 다양한 문제 또는 한 가지 문제에 대해 서로 이해관계가 있는 조직 또는 집단 구성원이 모여 다양한 해결책을 제시하고 그중에서 최선의 방책을 찾아내는 방법

2 정답: ○

3 정답: ○

4 정답: ×

해설: 리더가 독단적으로 결정할 경우 문제해결이 더욱 어려워진다.

5 정답: ○

6 정답: ③

해설: 구성원에게 무료로 제공할 상품 개수는 기업 운영과 거리가 멀고 부서 내에서 자체 결정이 가능하다.

7   정답: ①
     해설: ① '탐색' 과정에 해당한다.
8   정답: ④
     해설: ④ 아이디어에 편승하여 다른 아이디
     어를 발전시키기

제2장 4절 p.95

1   정답: ① 최고경영자 외에 노동자 또는 노동
     조합 등 조직 구성원이 기업 경영이나
     여러 문제의 의사결정 과정에서 자신
     의 주장을 제시하는 것
     ② 조직 구성원이나 피고용인이 기업
     성과 창출에 대한 협력의 대가로 경영
     성과(업적, 이익 등)의 일부를 분배받
     는 것
2   정답: ○
3   정답: ×
     해설: 경영참가 기회가 많아지면 노조와 사
     측의 관계가 개선되어 근로자의 이익
     증가에 기여할 수 있다.
4   정답: ②
     해설: ①은 생산 사항에, ③은 경제적 사항
     에, ④는 회사 운영 및 관리 사항에
     해당한다.
5   정답: ① 자기 자본: 우리사주제/
     타인 자본: 노동주제도
     ② 정보참가, 협의참가, 결정참가
     ③ 직접참가: 근로자 중심 정보 공유,
     현장 참여, 간접참가: 의사결정 참여

제3장 1절 p.112

1   정답: ① 기업이나 공기관 등 조직의 구조,
     기능, 규정 등이 조직적이고 기능화
     되어 있는 조직
     ② 개인들의 협동과 상호작용에 따라
     형성된 자발적인 집단 조직으로 개인
     이나 단체의 친목 도모, 취미 활동을
     위해 구성된 조직
2   정답: ○
3   정답: ×
     해설: 조직목표, 조직구조, 조직문화, 조직의
     규칙(규정)으로 구성된다.

---

4   정답: ④
     해설: ④ 기업은 공식 조직이다.
5   정답: ○
6   정답: ①
     해설: ① 개인 사업체는 영리 조직이다.
7   정답: ○

제3장 2절 p.122

1   정답: ① 특정 조직이 걸어온 발자취, 즉 그
     조직의 경영스타일, 조직원의 행동,
     말, 업무형태 등 오랜 기간 동안 조직
     구성원이 타당한 것으로 인정하고 조
     직 내부를 통합할 수 있는 가치, 신념,
     규범
     ② 조직운영의 일관성을 유지하고 업
     무역할 및 기능을 규정하며 상벌 시
     가치 판단 기준을 명문화한 문서
2   정답: ○
3   정답: ×
     해설: 이 경우 조직의 생산성이 감소한다.
4   정답: ○
5   정답: ○
6   정답: ②
     해설: ② 조직문화는 조직 구성원뿐만 아니
     라 조직 외부에 있는 사람들까지 알
     수 있어야 한다.
7   정답: ③
     해설: ③ 혁신 지향 문화가 적절하다.
8   정답: ①
     해설: ① 총무 규정이 적절하다.

제3장 3절 p.132

1   정답: ① 개인과 개인, 개인과 집단, 집단과
     집단 등이 가진 정보를 상호 교환하
     는 과정
     ② 공식적 조직 내에서 공식적 통로와
     수단에 의하여 공개적으로 실시하는
     의사소통으로 '누가', '누구에게', '어떤
     내용을', '어떤 수단을 이용하여' 전달
     할 것인가를 공식적으로 규정화하고
     이에 근거하여 의사를 전달하는 방식

③ 조직의 자생 집단(동호회, 모임, 단체 등) 내에서 비공식적 방법으로 이루어지는 의사소통으로 조직문화를 전달하거나 구성원들의 감정을 잘 나타내는 수단이 될 수 있고 사회심리적인 만족감과 조직 구성원의 조직 적응력을 높여주는 효과가 있음

④ 말, 즉 구어로 하는 의사소통으로 직원 회의, 위원회, 인터뷰 등이 이에 해당함

⑤ 눈짓, 몸짓, 웃음, 말의 속도, 목소리의 높고 낮음, 입술의 경련, 얼굴의 붉어짐, 눈물 등의 수단을 이용하여 하는 의사소통

⑥ 개인 또는 집단 간에 추구하는 목표나 이해관계가 달라 서로를 적대시하거나 육체적, 심리적 공격으로 인해 문제가 발생한 상태

⑦ 우선적으로 예상되는 갈등을 분석하고 이해 당사자들 간의 문제에 대한 합의 절차를 통해 정책이나 방안을 결정한 후 갈등 조정 절차를 거치는 과정

2 정답: ① 정보(생각, 감정)
② 송신자
③ 수신자

3 정답: 눈짓, 몸짓, 웃음, 말의 속도, 목소리의 높고 낮음, 입술의 경련, 얼굴의 붉어짐, 눈물 등

4 정답: ×
해설: 수평적 의사소통이다.

5 정답: ○

6 정답: ○

7 정답: ④
해설: ④ 갈등은 주로 자원의 공동 분배를 결정할 때, 목표와 이해관계가 다를 때, 현실에 대한 인식이 다를 때에 발생한다.

8 정답: ①

제4장 1절 p.151

1 정답: ① 사회생활 또는 조직상의 특정 지위에 있는 조직 구성원이 계속 또는 반복하여 행하는 사무

② 업무진행 및 예정 사항 등을 기록·관리하는 문서로 금일(또는 주별, 월별)에 실시할 업무내용을 작성하고, 진행 및 예정 업무에 대해 담당을 구분하여서 한눈에 파악할 수 있는 문서

2 정답: ○

3 정답: ×
해설: 해당 업무의 중요성과 긴급성에 따라 업무 우선순위를 정하여야 한다.

4 정답: ④
해설: ④ 업무 표준화를 위한 원칙에는 공유성의 원칙, 구체성의 원칙, 타당성의 원칙 등이 있다.

5 정답: ③
해설: ① 1사분면은 중요하면서도 긴급한 일에 해당한다.
② 2사분면은 중요하지만 덜 급한 일에 해당한다.
④ 4사분면은 중요성은 낮지만 긴급한 일에 해당한다.

제4장 2절 p.158

1 정답: 직무의 성격과 특징, 요구되는 개인의 자질 등을 토대로 조직 구성원의 업무성과를 향상시키기 위해 기록하는 장·단기적인 문서

2 정답: ○

3 정답: ×
해설: 업무수행 계획서는 정해진 틀 외에 업무의 특성에 따라 변형이 가능하다.

4 정답: ○

5 정답: ×
해설: 부서마다 특성에 맞는 업무처리 방식을 사용할 수 있다.

제4장 3절 p.171

1 정답: ① 개인이 조직에서 공식적으로 부여받은 역할 수준으로 조직의 목표와 경영성과에 직접적인 영향을 미치는 재무적 성과와 비재무적 성과

② 업무목표의 달성 정도를 평가하기 위해 작성하는 표 형식의 문서

③ 조직의 전략 목표와 성과 목표를 설정하고, 사업을 설계·시행하며, 목표하였던 산출과 결과가 달성되었는지를 평가하고, 이를 의사결정에 환류시키는 과정

2   정답: ×

해설: 업무성과는 재무적, 비재무적 성과를 모두 포함한다.

3   정답: ○

4   정답: ○

5   정답: ○

6   정답: ① 목표를 제대로 세워야 한다.

② 시간 관념에 충실하여야 한다.

③ 프레젠테이션에 신경써야 한다.

④ 문서 관리를 체계화한다.

⑤ 업무회의 시에는 참석자를 먼저 파악하고 그에 맞는 프레젠테이션과 자료를 준비한다.

7   정답: ① 투입

② 활동

③ 산출

④ 결과

제5장   1절   p.184

1   정답: ① 지구 내에서 시간과 공간이 축소되고 지역 및 국가 간의 상호 연관관계가 증가하여 이로 인해 네트워크의 다양성이 구축되고 경제 현상, 사회 구조 및 국제적 질서가 새롭게 재편되어 각 나라 및 사람들 간의 관계가 새롭게 변화하는 과정

② 국가 단위로 시장이 구성되었던 상황에서 한 국가의 기업이 다른 국가로 진출하는 것

2   정답: ○

3   정답: ②

해설: ② 권력의 분산이 적절하다.

4   정답: ④

해설: ④ 지역적 불안정성의 증가가 적절하다.

5   정답: ①

해설: ① 멈춰버린 엔진이 적절하다.

제5장   2절   p.193

1   정답: 시시각각 변화하는 국제정세에 신속히 대응하고 예상치 못하였던 일을 민첩하게 해결하는 리더십

2   정답: ②

해설: ② '인본주의'를 바탕으로 성과 향상을 도모해야 한다.

3   정답: ① 개인적 능력

② 사회적 능력

③ 사업적 능력

④ 문화적 능력

4   정답: ①

해설: ② 과거의 관념을 넘어선 혁신을 추구하여야 한다.

③ 온·오프라인을 융합한 옴니채널(Omni-Channel)로 고객을 유인하여야 한다.

④ 웰빙과 힐링의 소통 메시지를 활용하여야 한다.

제5장   3절   p.201

1   정답: ① 외국인과 파트너십 형성 시 갖추어야 할 행동 양식으로 인사 매너, 표정 매너, 대화 매너, 소개 매너, 테이블 매너 등이 있음

② 식사나 티타임 때 필요한 예절로 연회나 사교 모임, 비즈니스 접대 시 활용함

2   정답: ○

3   정답: ③

해설: ③ 자기의 성명이 상대방 쪽에서 바르게 보이도록 준다.

참고 문헌

〈도서, 논문 및 보고서〉

강진구(2007. 12. 12.). 미래 조직의 성공 키워드. LG Business Insight.

김광웅(2011). 《서울대 리더십 강의–이 시대의 진정한 지도자는 누구인가》. 경기: 21세기북스.

김범열(2007. 05. 23.). 건설적 갈등 창출하기. LG주간경제.

김언수(2001). 《움직이는 전략》. 서울: 세영사.

김언수(2013). 《Top을 위한 전략경영 4.0》. 경기도: 피앤씨미디어.

김언수·김봉선(2014). 《TOP을 위한 전략경영: 에센스》. pp. 247. 경기: 피엔씨미디어.

김태한·정홍상(2011). 조직문화가 조직 효과성에 미치는 영향: 대구광역시 소방 조직을 중심으로. 지방행정연구, 25(4), pp. 85~106.

박현수·이동훈·홍선영·김경훈(2013). 선진국 소비 트렌드와 글로벌 기업의 대응. CEO Information, 888호. 삼성경제연구소.

배상남·서헌(2013). 대학생의 국제 매너 교육 인식에 관한 연구: 서울 D대학 사례를 중심으로. 관광레저연구, 25(5), pp. 345~356.

백유성(2013). 의사소통이 조직신뢰와 노조몰입에 미치는 영향: 코레일 경북본부 구성원들을 중심으로. 질서경제저널, 16(4), pp. 83~98.

신유근(2005). 한국형 글로벌 리더십. 노사관계연구, 16(12월호), pp. 177~218.

신인철(2011). 《따라야 따른다》. 서울: 한스미디어.

아시아투데이(2015. 10. 25.). 금감원, 한계기업 구조조정 연내 완료 추진.

이지홍(2012. 02. 13.). 색바랜 'Kodak Moment'가 주는 교훈. LG경제연구원. pp. 25~29

장세진(2010). 《(글로벌경쟁시대의)경영전략(6판)》. 서울: 박영사.

정대용·윤미옥·김희숙(2008). 변혁적·거래적 리더십, 팔로어십이 LMX를 매개로 조직성과에 미치는 영향에 관한 연구–중소기업을 중심으로–. 한국창업학회지, 3(2), pp. 253~275.

정명호(2008). 사회적 자본 특성이 개인의 직무성과에 미치는 영향과 직무태도의 매개효과. 직업능력개발연구, 11(2), pp. 165~191.

조명진(2008). 《세계 부와 경제를 지배하는 3개의 축》. 서울: 도서출판 새로운제안.

조영대(2010). 《글로벌 에티켓과 매너》. 서울: 백산출판사.

중소기업기술정보진흥원(2009). 업종별 업무 프로세스 표준모델(제조업 공통). pp. 144, 147. www.tipa.or.kr.

최승일·김동일(2014). 글로벌기업의 리더십유형이 경영성과에 미치는 영향. Journal of Digital Convergence, 12(10), pp. 191~199.

최용식(2009). 《경영학원론》. 서울: 창민사.

최종태(1994). 《현대경영참가론》. 서울: 경문사.

한국경제신문(2015. 09. 07.). 네이버의 실험…'아메바 조직'으로 혁신 가속.

한국산업인력공단(2007). 《조직이해능력 학습자용 워크북》. pp. 5~6, 50, 141~143. 서울: 한국산업인력공단.

한상엽(2007. 05. 23.). 《조직 운영의 통념을 버려라》. LG주간경제.

허진·이영진(2013). 《관광마케팅》. 서울: 한국방송통신대학교출판부.

Bass, B. M.(1985). Leadership and performance beyond expectations. New York: Free Press.

Goold, M.,&Campbell, A. (2002). Do you have a well-designed organization?. IEEE Engineering Management Review, 30(3), pp. 38~45.

Hersey, P.&Blanchard, K. H.,&Johnson, D. E. (1998). Management of Organizational Behavior(7th ed.). Upper Saddle River, NJ: Prentice Hall.

Kelley, R. E.(1988). "In Prise of Followers". Harvard Business Review, November-December, pp. 142~148.

Kelley, R. E.(1992). The Power of Followership: How to Create Leaders People Want to Follow. Followers and Lead Themselves, New York: Doubleday.

Kotler, P.&Armstrong, G. (2001). Principles of Marketing(9th ed.). Prentice-Hall, Inc.

Olsen, M. D. (2008). Strategic Management in the Hospitality Industry. Prentice-Hall.

Parker, R.&Bradley, L.(2000). Organizational Culture in the Public Sector: evidence from six organizations. International Journal of Public Sector Management, 13(2), pp. 125~141.

Pfeffer, J. (2014). Win at Workplace Conflict. Harvard Business Review. https://hbr.org/2014/05/win-at-workplace-conflict.

Porter, M. E. (1980). Competitive Strategy: Techniques for Analyzing Industries and Competitors. New York: Free Press.

Porter, M. E. (1996). What is a Strategy?. Harvard Business Review, November-December, pp. 61~78.

Quinn, R. E.&Rohrbaugh, J.(1983). A Spatial Model of Effectiveness Criteria: Towards a Competing Values Approach to Organizational Analysis. Management Science, 29, pp. 363~377.

Rainey, H. G. (2003). Understanding and Managing Public Organizations(3th ed.). Jossey-Bass.

Rosen, R., Phillips, C., Digh, P.,&Singer, M. (2000). Global Literacies: Lessons on Business Leadership and National Cultures. New Jersey: Simon&Schuster.

Silverwood Books(2014). Johari's Window. Silverwood Books.

〈웹사이트〉

삼성그룹 공식블로그 삼성이야기(2013. 08. 19.). 김대리 잘했어! 일 잘하는 직장인 되는 비법 공개. http://blog.samsung.com/3882.

와바다다(주)(2015). 어촌 마을 컨설팅 조직. http://www.wabadada.com.

위키백과(2015). https://ko.wikipedia.org. 검색어: BCG 매트릭스.

조은우(2013. 02. 22.). [하이서울 창업스쿨_동영상강좌_2] 아이디어를 깨우는 브레인스토밍. http://www.thinkvirus.net/167.

한국관광공사(2015). 한국관광공사와 함께하는 글로벌에티켓. http://korean.visitkorea.or.kr/globaletiquette/index.jsp. 저작권 http://kto.visitkorea.or.kr/kor/helpDesk/copyrightGuide.kto.

한양관광포럼. http://cafe.daum.net/HanTF.

BCG(2012. 05. 14.). Consumers Intensify Their Vow to 'Save More, Spend Less'. The Boston Consulting Group. http://www.bcg.co.kr/media/PressReleaseDetails.aspx?id=tcm:113-105256.

Landman, T.(2012). RSA 'Rational intuition' 강연. http://www.benfarahmand.com/2012/04/rational-intuition-by-professor-todd.html.

NIC(2012). Global Trends 2030: Alternative worlds. http://www.dni.gov.

저 / 자 / 소 / 개

센터장
허현수

허현수 센터장은 숭실대학교 교육대학원에서 석사학위를 취득하였고, 한국 표준협회에서 인정직업훈련원 직업훈련교사, 공공혁신, 기업HRD 관련 업무 를 담당하였으며, 현재는 대상을 넓혀 전 계층의 평생 직업능력개발 지원 활 동을 하고 있습니다. 특히 한국표준협회에서 특성화 전문대학 NCS기반 교 과 개편, NCS 활용 확산 사업 등에 참여하였으며, 현재 한국표준협회 평생 교육센터 센터장, 기업교육학회 운영위원, G Valley 교육위원, 숭실대학교 교 육대학원 겸임교수를 역임하고 있습니다.

NCS 직업기초능력 분과
연구위원
이영진

이영진 연구위원은 한양대학교 관광학과에서 관광학 박사학위를 취득하였고 경희대 학술연구교수, 한양대 연구조교수, 강원관광대 조교수로 활동하였습 니다. 최근 10여 년 동안 40여 편의 논문을 집필하였고 소비자행동, 경영전 략, 고객만족경영 전략수립 등 조직체계 구축 관련 강의와 프로젝트를 다수 수행하였습니다. NCS와 관련하여 특성화전문대학 육성사업 책임교수로 재 직하면서 NCS 교육 과정 및 특성화 사업 전체를 관리한 경험이 있고 창업지 원실장을 맡으면서 학생들의 창업 활동을 위해 창업 및 조직운영 관련 강의 와 창업 사업계획서 작성을 주도적으로 진행하였습니다. 주요 저서로는 《관 광창업론》, 《관광마케팅》, 《농촌체험사업성분석 학습모듈》 등이 있습니다. 현 재는 한국표준협회 연구위원, ㈜와바다다 관광연구소 소장으로서 대학 및 농어촌 컨설팅에 주력하고 있고 한국표준협회와 함께 강원관광대학교, 송곡 대학교 등 대학 현장에서 직업능력개발 캠프 및 NCS 특강을 진행하고 있습 니다.